JN418678

교양사상서

장자크 루소 사회계약론

교양사상서

장자크루소 사회계약론

장 자크 루소 지음 | 정영하 옮김

대활자본

21세기를 이끌어 가는
모든 리더를 위한 장 자크 루소의 제안

루소의 정치 사상이 나타나 있는 대표적 저작이라 할 수 있는 사회계약론은 그의 모든 저작들 중에서 정치적으로 가장 심오하며 인간의 선한 본성과 천부적인 자유를 토대로 한 이상적인 사회 질서와 정부 수립을 논술하고 있다.

산수야

장 자크 루소 사회계약론

개정판 2020년 5월 20일

지은이 장 자크 루소
옮긴이 정영하
발행인 권윤삼
발행처 도서출판 산수야

등록번호 제1-1515호
주소 서울시 마포구 월드컵로 165-4
전화 02-332-9655
팩스 02-335-0674

값은 뒤표지에 있습니다. 잘못된 책은 바꾸어 드립니다.
ISBN 978-89-8097-503-7 03300

이 도서의 국립중앙도서관 출판시도서목록(CIP)은
서지정보유통지원시스템 홈페이지(http://seoji.nl.go.kr)와
국가자료공동목록시스템(http://www.nl.go.kr/kolisnet)에서 이용하실 수 있습니다.
(CIP 제어번호 : CIP2020015471)

이 작은 논문은 내 능력의 한계도 생각하지 않고
여러 해 전에 쓰기 시작했다가
오랫동안 내버려 두었던 방대한 저작의 일부분이다.
그리고 나의 방대한 저작 가운데
제일 중요하고 세상에 공개하기에
가장 덜 부끄러운 것이라고 생각되는 것이다.
이 밖의 나머지 것들은 이미 소멸해 버렸다.

– 장 자크 루소 –

차례

Chapter 3

Chapter 4

역자의 말

장 자크 루소는 자연을 찬미하였고 자연으로의 회귀를 갈망하였다. 그는 자연적으로 선하게 태어난 인간이 스스로 만들어 낸 사회의 영향으로 오염되고 타락한다고 자신의 견해를 내세웠다.

사회계약론도 이러한 견해에 근거를 두고 그 위치에서 사회철학과 정치철학의 중요한 점을 제시하고 있다. 그는 자연상태의 인간과 사회적 상태의 인간을 비교 분석하고, 구성이 반드시 평등과 정치적 압박으로 결론지어진다는 것을 보여 주고 있다. 그리고 문명화된 인간의 사회적 해독을 없애기 위해서는 원시상태로 돌아가 자연에 접근함으로써 사회질서를 바로잡을 수 있다고 말한다.

이 책은 사회의 모순과 부패를 바로잡아 새로운 질서의 출현을 갈망하고, 그럼으로써 문명사회의 온갖 타락과 오염 속에서도 우리에게 창조의 꿈을 심어 주기에 충분하다.

Jean Jacques Rousseau

루소의 생애와 사상

18세기의 프랑스는 새로운 이상과 체제를 모색하는 전환의 시기였다.

사회 현상은 정치에 따라 좌우되므로

루소의 방대한 사상체계의 핵심은 정치 사상이 된다.

프랑스의 절대왕정은 봉건적 토지 소유와

신분적 지배를 기반으로 하고 있었기 때문에

심한 사회적 갈등과 모순을 빚고 있었다.

이 시대에 민중들과 함께 생활한 루소는

모든 사회악의 근원이 절대주의라는 사회제도에 있다고 생각했다.

그에게 있어 인간의 자유는 인간의 본성이고 자격이며,

인간으로서의 가치였다.

_ 루소의 생애

루소(Jean Jacques Rousseau)는 1712년 6월 28일 프랑스 태생의 시계공이었던 이삭 루소(Issac Rousseau)의 둘째 아들로 제네바에서 태어났다. 그러나 어머니는 그를 낳은 지 며칠 후에 세상을 떠났다. "이것은 많은 불행 가운데서 최초의 것이었다."고 루소가 술회하듯 일생 동안 겪은 불행은 이때부터 시작되었다.

루소는 형과 함께 고모에 의해 길러졌다. 갓난아기 때부터 어머니를 모르고 자란다는 것은 루소에게 고독과 슬픔을 안겨 주었고, 그는 감상적인 성격을 지녔던 아버지의 영향을 받아 어릴 때부터 내성적이고 수동적인 성격을 갖게 되었다.

책을 매우 좋아했던 아버지는 루소에게 소설, 역사

J. J. 루소
『에밀』과 『사회계약론』으로 우리에게 잘 알려져 있는 루소는 그의 사상, 교육, 예술, 철학 등 모든 분야에서 "자연으로 돌아가라"고 일관되게 주장하고 있다.

그리고 『플루타르크 영웅전』을 읽어주곤 하였다. 뒷날 그는 이때의 독서 덕분에 자의식을 끊임없이 전개시킬 수 있었으며, 세파에 부딪히면서도 자신만의 안목으로 사회를 파악할 수 있게 되었다.

특히 『플루타르크 영웅전』은 그에게 '자유로운 공화주의 정신'을 감지하게 했으며, 그가 직접 "나는 12살 전에는 로마인이었다."라고 말할 정도였다.

루소가 10살 때 아버지는 하찮은 싸움 끝에 제네바를 떠나야 했고, 그의 두 아들은 고아가 되었다. 다행히 루소는 칼뱅주의 목사에게 의탁되어 기초교육을 받았으나, 이후 13살의 나이에 조각가의 도제로 들어갔다. 이때 루소는 주인의 횡포와 속박으로 많은 고

통과 번민 속에 허덕였다.

"나는 실제로 일이 괴롭지 않았다. 주인이 심한 속박과 잔인함으로 그 일에 진저리나지 않았더라면 그 일에서 성공했을 것이다."라고 루소는 술회했다.

그의 전기 작가가 기록했던 것처럼 루소는 가정이 몰락해 어린 시절에 많은 고생을 했다. 아버지가 강한 성격의 소유자가 아닌 이유도 있지만, 그가 기능공에 알맞은 성질이나 능력을 가지고 있지 않았기 때문이기도 했다.

1728년 3월 어느 일요일 저녁, 루소가 산책을 마치고 돌아왔을 때 제네바 시의 성문은 잠겨 있었다. 루소는 성문이 닫히는 시간을 잠시 잊어버렸으며, 이런 일이 과거에도 두 번 더 있었다. 그때마다 주인은 밤새껏 외출했다고 그를 때렸기 때문에 루소는 돌아가지 않겠다는 결심과 함께 방랑생활을 시작했다.

방랑생활을 하는 동안 루소는 무질서와 번민 속에서 방황했지만, 뒷날 그의 사상의 방향을 결정짓는 귀중한 사실들을 체험하게 된다. 도제제도의 부조리와 주인의 횡포, 절대주의 아래에서 자행되었던 특권계급의 타락과 만행, 짓밟힌 수많은 민중의 아픔과 고통, 그리고 그들의 순수한 감정과 의지 등을 체험했던 것이다. 여기서 그의 사상적 기반이 되고 있는 자연, 선량한 인간의 본성과 사회제도, 민중과 특권계급 등의 대립적 개념이 형성되어 갔다.

루소는 16세 때 방랑생활 끝에 안시에서 남편과 별거한 바랑 부인을 만나 정착하게 되었다. 그곳에서 그는 '생애의 행복한 나날'을 보내면서 사상가로서 성장할 수 있는 준비를 할 수 있었다. 그는 부인에게서 어릴 때 느껴 보지 못했던 모성애를 느꼈다. 그녀는 그에게 '어머니'였으며, '유일한 여성'이었다.

바랑 부인은 안시에 루소를 붙들어 놓지 않았다. 부인과 지낸 10여 년 동안 그는 성직자가 되려고 했다가, 음악이 더 적성에 맞는 것 같아 음악을 공부하였다. 그러나 그러한 일들이 여의치 않자 부인의 도움으로 도서관에서 독학을 시작하게 된다. 정규교육을 받지 못한 그로서는 스스로를 가르칠 좋은 기회였다.

이때 그는 볼테르를 비롯하여 플라톤, 데카르트, 로크, 라이프니츠 등의 작품을 즐겨 읽었고, 음악, 문학, 자연과학 및 신학에 대해서도 상당한 소양을 쌓았다.

1741년 파리에서 그는 디드로를 만나 백과사전 편찬에 참여했다. 1743년에는 그는 베니스 주재 프랑스 대사를 따라 베니스에 갔으나, 대사와의 불화로 이듬해 파리로 되돌아왔다.

이러한 경험 덕에 루소는 정치에 새로운 관심을 갖게 되었다. 모든 사물은 정치에 따라 좌우되며, 국민이 뛰어나더라도 정부에 의한 제한이 있을 수 있다는 것을 실감했던 것이다.

그는 인간의 선량한 본성과 자연적인 감정, 자유의 토대 위에 올바른 사회질서만 정립된다면 모든 부조리는 제거될 수 있다고 확신했다. 이러한 구상을 바탕으로 『사회계약론』이 탄생했다.

그는 볼테르와 오페라를 합작하기도 하고 뒤팽 부인의 비서가 되기도 했으나, 또다시 실의와 역경의 밑바닥을 헤매게 되었다. 이때 그에게 있어 유일한 위안은 여인숙의 하녀 테레즈 르바쇠르와의 관계였다. 그러나 정상적이지 못한 관계에 경제적인 곤란마저 겹쳐 둘 사이에서 태어난 다섯 명의 아이는 모두 고아원에 버려지게 된다.

이후 그는 스스로 파리의 사교계를 떠났고, 고향 제네바로 되돌아가 다시 개신교로 개종했다. 몽루이로 거처를 옮긴 이후 그는 저작에 전념하여 1761년 『에밀』과 『사회계약론』을 완성했다. 이 두 저작은 훗날 루소를 불멸의 사상가로 만들었지만, 당시에는 그에게 심한 박해를 가져다주었다.

데이비드 흄의 초청으로 영국으로 건너간 그는 흄과 의견이 맞지 않아 프랑스로 돌아와 전전하다가 말년을 파리에 정착해 살았다. 루소는 누구보다도 선량하고 사교적이며 정감 넘쳤음에도 불구하고 절대주의의 부조리를 고발한 탓에 모진 박해와 고통으로 점철된 자기의 삶을 되돌아보면서 그것을 정리하려고 마음먹었다.

1778년 5월 루소는 지라르뎅 가의 호의를 받아들여

에르므농빌의 성에 정착했다. 그곳에서 평화로운 나날을 보내던 중 1778년 7월 2일 뇌내출혈로 생애를 마쳤으며, 오직 테레즈 르바쇠르만이 그의 임종을 지켰다.

루소의 유해는 소원대로 일 드 뫼프리에 묻혔으며, 프랑스 대혁명 이후 1794년 4월, 프랑스 국민공회가 루소의 유해를 '위인의 전당'인 빵떼옹으로 이장시켰다.

_ 루소의 사상

18세기의 프랑스는 새로운 이상과 체제를 모색하는 전환의 시기였다. 가장 주목할 만한 현상은 인간의 행복과 직접 관련되어 있는 정치적, 사회적 그리고 도덕적 문제들에 관심을 기울여야 한다는 사상의 대두였다.

몽테스키외, 디드로 그리고 볼테르는 사물과 생명의 근원, 인식의 본질, 인간과 세계의 궁극적 운명과 관련한 형이상학적 문제를 규명하고, 그것을 하나의 보편적 체계로 환원시키려는 철학을 규탄하며, 인간으로서 인식 불가능한 대상에 대한 헛된 추론을 지양하고, 보다 현실적이고 구체적인 지상의 문제에 관심을 기울여야 한다고 주장했다.

제네바를 떠나는 루소

1728년 3월 14일 일요일에 루소는 제네바를 떠나 방랑생활을 시작한다. 심한 괴로움의 굴레를 벗어나고자 결심했던 이 선택은 그의 인생을 변화시켰다.

이리하여 기존의 모든 관념, 권위 그리고 전통에 대한 광범하고 근본적인 비판이 시도되었다. 이 시대의 정신은 인간성의 신뢰와 진보에 대한 낙관적인 사상이었다.

그러나 1750년대 후반에 접어들면서 이와 같은 합리주의적 경향과 반대되는 또 하나의 사상이 대두되었다. 그것은 감성이나 본능의 자연적 발동 그리고 직접적인 직관에 관심을 기울이고 본능적인 힘, 비합리적이고 무의식인 충동을 변호하는 사상이었다.

1749년 어느 여름날에 벵센느 감옥에 있는 디드로를 면회하러 가던 도중 루소는 디종 아카데미에서 현상 모집하는 논문인 '학문과 예술의 발달이 도덕의 순화에 기여했는가?'를 접하게 되었다.

그때 그의 머릿속에서 이 물음에 대한 대답이 떠올랐다.

"본래 선하게 태어난 인간은 사회와 문명에 의해 타락했다."

루소는 이 명제를 사색과 경험을 토대로 훌륭하게 전개했고, 그것을 『학문과 예술론』이라는 논문으로 발표했다. 이 논문은 2부로 구성되어 있는데, 1부에서 루소는 인간 생활의 타락이 언제나 문명의 발전에 따라 일어난다는 것을 입증하기 위해 역사적 고찰을 펼쳐 나갔다. 그는 이집트, 동로마제국, 페르시아, 스파르타, 아테네 그리고 근대 국가들에서 그 예를 찾아 문명의 해독과 원시생활의 행복을 대비시켜 나갔다.

2부에서 그는 자신의 주장에 대한 철학적이고 이론적인 설명을 펼쳐 나갔다. 학문은 그 기원을 믿고 의지할 수 없고, 그 목적이 공허하고, 그 방법과 결과가 불확실하다. 특히 해로운 영향으로는 사람을 무위도식에 빠뜨리고 용기를 죽이고 상상력을 마비시킨다.

따라서 지식과 문명의 발달은 사치를 조장하여 인간성을 타락시킨다. 그러므로 루소는 문명에 오염되지 않은 단순하고 자연적인 삶, 가난 그리고 덕과 용기의 생활을 찬양했다.

이와 같은 명제로 루소는 그 시대의 정신인 문명의 발전에 대한 무차별적인 신앙과 충돌하게 되었다. 특히 그는 인간의 합리적 사고와 감성의 미적 완성을 추구한 볼테르와 적이 될 수밖에 없었다. 그러나 디종 아카데미는 이 논문에 상을 주었고, 루소는 큰 영광을 차지했다.

5년 후 또다시 디종 아카데미에서 '인간 불평등의 기원은 무엇이며, 이 불평등은 자연법에 의해 허용된 것인가?' 라는 제목의 논문을 공모했다. 루소는 이것으로 그의 주장을 더욱더 심화시킬 수 있는 기회를 갖게 되었다. 그는 그의 첫 논문의 결론을 발전시켜서 현대사회의 타락과 불평등의 기원이 사회제도 자체에 귀착된다는 것을 발견하고, 1755년에 『인간 불평등 기원론』이란 논문을 발표했다.

이 논문도 2부로 구성되어 있다. 1부는 원시인에 대한 목가적 묘사로 시작한다. 자연상태에서 인간은 본질적으로 동물적인 삶을 영위했다. 숲속에서의 거친 생활은 인간을 건강하고 민첩하며, 감각이 발달된 존재로 만들었다. 인간의 지적 활동은 거의 없는 것이나 다름없었다.

그러므로 자연적이고 본능적인 욕구에 따라 움직인 인간들은 매우 단순하고 순간적인 욕구를 쉽게 만족시킬 수 있었다. 따라서 원시인들은 행복했고, 그들 사이에 불평등은 없었다. 왜냐하면 자연상태에서 인간들은 사회적 관련을 맺을 필요가 없었고 인간 각자는 독립된 자유로운 생활을 영위했기 때문이었다.

2부에서 그는 자유로운 인간이 사회적 인간으로서 온갖 속박에 얽매이고, 지배자와 피지배자라는 불평등의 사회제도에 얽매이는 과정을 그렸다. 인간들은 초창기에 자유롭게 결합되었다. 가족과 지역에 따른 결합에서 그들 각자는 독립을 누리며, 개인적으로 자신의 욕구를 충족시켜 나갔다.

그러나 농업과 연금술의 발명은 노동의 분할을 가

져왔고, 인간들이 서로 의존하도록 만들었다. 농작에서 소유가 생겼고, 소유의 불평등은 부의 불평등을 가져왔다. 그래서 부자들은 그들의 이익을 보장하기 위해 법을 만들어 지배자로 군림했다. 결국 지배자와 피지배자 사이에 사회적 불평등이 확대되었다. 이런 사회적 변화로 인해 전제체제가 생겨났고 사회의 불의가 극에 달하게 되었다.

이처럼 루소는 이 논문에서 기존체제에 대한 보다 구체적이고 직접적인 비판을 했다. 다시 말해 그의 불평등론은 현대사회의 기반을 이루는 소유의 원리 자체를 규탄하고, 법 아래에서 조장되는 이해관계의 대립을 폭로하며, 정치체제와 사회 불의의 상관관계를 규명하여 현대사회의 병폐를 보다 구체적이고 근본적으로 파헤쳤다.

1758년 초, 몽모랑시의 몽루이라는 작은 집에 은거한 루소는 뤽상부르 원수의 우정과 격려에 힘입어 저술에 전념했다. 이 15개월 동안 『신 엘로이즈』, 『사회계약론』 그리고 『에밀』을 내놓았다.

『신 엘로이즈』는 소설이다. 이 소설 속에는 두 주제

가 있는데, 첫째는 열정과 덕에 대한 찬양이다. 루소는 열정의 불가항력적 힘과 그 열광, 기쁨, 두려움 그리고 고통을 서정적인 필치와 놀라움과 찬양 섞인 감정으로 묘사했다. 그러나 그는 격렬한 열정과 덕의 요구를 조화시키려고 노력했다.

둘째는 자연에 대한 찬양이다. 자연의 아름다움, 순수함 그리고 단순함은 인간의 영혼을 오염에서 씻어주고 본래의 순수함을 되찾게 한다. 사랑과 덕의 열정적이고 극적인 모험은 자연의 환경과 일치한다. 사회생활의 타락을 고발한 루소는 전원과 자연의 품속에서 재생하는 티 없는 생명과 순수한 행복을 노래했다.

그 시대의 사회적 부패를 고발하는 것으로 활동을 시작한 루소는 오래전부터 자신의 정치적 이상을 정립하려고 생각했다. 1753년에 그는 정치와 정부의 문제에 관한 글로 『정치 · 경제학』을 써서 백과사전에 수록했다.

1762년에는 『사회계약론』을 발표했다. 『사회계약론』은 총 4부로 구성되어 있다. 1부에서 루소는 계약의 본질에 관해 일반적으로 고찰한다. 힘은 정당한 권리를 만들어 낼 수 없기 때문에 모든 전제주의는 불법이다.

진정한 정부의 기초는 협약이다. 이 협약은 각 개인이 공동체를 위하여 자신의 모든 자연적인 권리들을 포기하게 한다. 그 대신 공동체는 각 개인의 생명과 재산을 보장해 준다. 협약의 조건은 만인에게 동등한 것이기 때문에 평등이 보존된다. 각 개인은 만인에게 소속될 뿐, 특정 개인에게 소속되지 않기 때문에 자유가 보장된다. 그리하여 사회계약을 통해 인간은 자연적 신분에서 시민의 신분으로 옮겨 간다.

2부에서 루소는 주권과 법의 문제를 다룬다. 주권은 일반의지의 행사로 양도될 수 없고 분할될 수도 없다. 어떤 개별적 이익의 연합도 이것을 해치지 않아야 한다. 정체의 보존은 법으로 보장되어 있다. 법은 집단생활 문제에 있어 일반의지의 적용을 명한다. 법은 만인에게 평등하다. 그러나 법의 제정은 지역, 시대 그리고 특수한 조건에 따라 변한다.

3부에서 루소는 여러 형태의 정부를 고찰한다. 법을 집행하는 데 필요한 기구가 정부이다. 민주정치는 전 국민이나 절대다수의 정부를 만들고, 귀족정치는 소수의 정부를 만들며, 군주정치는 단 한 사람의 통치로 이루어진다. 민주정치는 이상적이지만 탐낼 만한 체제가 아니다. 선거에 의한 귀족정치가 최선이고 가장 자연스럽다. 한 정부가 타락하는 것을 막기 위해 위임받은 권한이 의회에 의해 주기적으로 통제되어야 하고 갱신되어야 한다.

4부에서 루소는 특수한 정치체제를 고찰하며, 특히 로마 정치사를 집중적으로 고찰한다. 그는 일반의지의 문제를 다룬 후 로마 정치의 호민관제, 독재집정관제, 통제관제 그리고 시민종교를 차례로 고찰한다.

루소는 일반의지가 때때로 잘못 인식되더라도 결코 파괴될 수 없고, 언제나 절대다수에 의해 결정되어야 한다는 원리를 주장했다. 그러나 그는 로마의 독재집정관제를 예로 제시하며 국가의 보존을 위해, 그리고 전체나 다수의 이익을 위해 때로는 제한된 독재체제가 불가피하다는 의견을 제시한다.

루소는 초기 작품에서 문명과 사회를 저주하고 개인적 자유와 독립을 누릴 수 있는 자연적인 삶을 찬양했다. 그러나 그는 『사회계약론』을 통해서 행복에 대한 개인의 열망과 사회생활의 요구 사이에서 조화와 균형을 찾으려고 했다.

그는 참된 정치의 원리로서 일반의지의 존중과 시민의 자결권 그리고 주권을 제시했다. 그러나 그는 공동체에는 공공의 이익을 위하여 각 개인이 감수해야 하는 희생을 결정할 정당한 권리가 있음을 인정했다.

이와 같은 그의 주장은 실제에 있어서 권력의 남용을 가져올 우려가 있다는 비판을 받았으며, 루소 자신도 이 점을 우려하고 경고했다.

모든 개인은 사회의 구성원이다. 그러므로 건전한 사회는 건전한 인간에 의해 이루어진다. 그러면 어떻게 참된 공화국이 필요로 하는 참된 자유인을 만들어 나가야 할까? 이 문제에 대한 답으로 그는 교육관을 개진했는데, 그 작품이 『에밀』이다.

그는 단순 지식교육의 폐단을 고발하고 교육의 진정한 목적은 심정, 판단력 그리고 정신을 형성하는 것이라고 주장한다. 『에밀』을 집필하면서 루소는 어린아이의 영혼을 오염시키는 그릇된 교육자들과 인위적 문명의 해독으로부터 아이들을 보호하는 일에 역점을 두었다.

그는 갓난아이에서부터 20세에 이르기까지 성장의 각 단계에 맞추어 교육의 방향을 제시하고 여성의 교육에 대한 의견을 책에 담았다. 또, 교육의 본질을 지식이나 학문의 습득보다 정신, 도덕 그리고 가치의 체험에 두었다. 그래서 그는 어린아이가 가족, 사회 그리고 책과의 접촉을 피해 자연 속에서 성장해야 하고, 전적인 자유 속에서 자신의 경험을 통해 자아를 형성하게 해야 한다고 주장했다.

루소의 교육 이상은 어린이가 본래 가진 자유를 보장하고 정신적 자유를 증진시키는 것이다. 『에밀』의 영속적 주제는 자유이다. 갓난아이는 움직임에서 자유로워야 하고, 어린아이는 놀이에서 자유로워야 하고, 소년과 소녀는 종교의 선택에서 자유로워야 한다. 연약한 존재이기 때문에 어린이에게는 보호자가 필요하다. 그러나 그 연약함이 어린이를 예속시키는 구실이 되어서는 안 된다.

따라서 우리는 어린이에게 '사물에의 예속', 다시 말해 인간을 지배하는 자연법의 불가항력적인 힘을 가르치되 인간의 예속을 강요하지는 말아야 한다. 예속은 인간을 타락시키고 억압하는 압제이다. 우리는 어린이가 자신의 성향을 형성해 나가고 자신의 갈망을 표명하고, 세계를 발견하는 것을 도와주지만, 그의 생각을 우리의 생각에 따라 규정짓지 않아야 하고 기성관념을 주입하지 말아야 한다.

우리는 자유로운 사색과 경험에 의해 형성되어 가는 아동의 인격을 존중하고 그가 책임을 감당할 수 있도록 유도해야 한다.

'아이에게 가르칠 학문은 하나밖에 없다. 그것은 바로 인간으로서의 의무이다.'

Chapter 1

나의 연구목적은 사람을 있는 그대로 이해하고

법률을 있을 수 있는 그대로 이해하면서

정당하고 확고한 정치의 원칙이 있을 수 있는가를 살펴보는 것이다.

그리고 정의와 실리가 결코 분리되지 않도록 하기 위하여

법률이 인정하는 바와 이익이 규정하는 바를 결합하려고 노력할 것이다.

자유 국가의 시민으로 태어나 주권자의 일원으로

투표권을 가지고 있다는 사실만으로도

나에게는 정치를 연구할 의무가 충분하다.

더욱이 나는 여러 정부를 연구할 때마다

우리나라의 정부를 사랑해야 하는

새로운 이유들을 발견할 수 있어 기쁘다.

제1장 _ 총론

인간은 자유인으로 태어났으나 어디에서나 쇠사슬에 얽매여 있다. 자신을 다른 사람들의 고용주라고 생각하는 사람들은 고용인들보다 더 심한 노예상태에 있다. 이런 생각이 어떻게 생겨났는지 알 수 없지만, 그것이 당연한 것으로 보이는 것에 대해서는 말할 수 있다.

폭력과 폭력의 결과만을 생각한다면 나는 이렇게 말할 것이다. 어떤 국민이 복종을 강요받아서 복종하는 것은 잘하는 것이다. 그러나 그들이 속박에서 벗어나자마자 곧바로 그 속박을 떨쳐 버린다면 그것은 더욱더 잘하는 것이다.

국민은 자유를 빼앗긴 것과 똑같은 권리로 그들의

자유를 되찾는 것이기 때문에 국민이 자유를 회복하는 것은 정당하나 다른 국민에게서 자유를 빼앗는 것은 부당하다. 그러나 사회질서는 다른 모든 질서의 기초가 되는 신성한 권리이다. 그러나 그 권리는 자연권이 아니므로 계약에 의해 성립된 권리임이 틀림없다. 문제는 그 계약이 어떤 것인가를 결정하는 것이다. 그 문제에 들어가기에 앞서 우선 방금 이야기한 것을 입증해야 한다.

제2장 _ 초기사회

모든 사회의 형태 가운데 가장 오래되고 또 유일하게 자연 발생된 사회는 가족사회이다. 자녀들이 생존을 위해 부모를 필요로 하는 동안에는 부모에게 매여 있다. 그러나 이 필요성이 없어지자마자 자연적인 유대는 끊기고 만다.

일단 자식들이 부모에게 해야 할 복종의 의무에서 벗어나고, 부모가 자식들에 대한 양육의 책임에서 벗어나면 양쪽은 똑같이 그들의 독립을 되찾게 된다. 그들이 여전히 결합된 관계를 유지하고 있다면, 그것은 자연적인 것이 아니라 그들을 결합하고 있는 그들 자신의 선택이다. 따라서 그러한 가족은 합의계약에 의해서 유지된다.

루소가 태어난 집

루소가 태어나 6년 동안 지냈던 집으로 유년기의 추억이 간직된 곳이다. 어머니를 일찍 여읜 루소는 정서적으로 안정된 생활을 하지 못했고, 아버지 역시 책임감과 일관성이 없어 훗날 루소에게도 그 영향이 발견된다. 이 건물은 시청 근처에 위치하고 있다.

이런 공통된 자유는 인간 본성의 결과이다. 인간이 우선시하는 법은 자신을 지키는 것이다. 인간이 우선적으로 돌보는 것은 자기 자신이다. 그래서 사리를 분별할 나이가 되면 그는 자기 자신을 보존하는 가장 좋은 수단을 판단하는 사람이 된다. 따라서 그는 자기 자신의 주인이 된다.

그러므로 가족은 정치사회의 최초 모형으로 생각될지도 모른다. 국가의 지배자는 부모의 모습을 지녔다. 국민은 자식들의 모습을 지녔다. 평등하고 자유롭게 태어난 그들은 이익을 도모할 수 있을 때만 그들의 자유를 양도한다. 유일한 차이는 지배자가 국민에 대해서는 가질 수 없는, 사랑이라는 감정의 여부이다. 가족의 경우에 사랑은 부모가 자녀들을 돌본 것에 대한 보답이 된다. 반면 국가에서는 지배의 희열이 사랑을 대신한다.

호로티위스[1]는 인간의 모든 행정권은 피지배자를 위해서 제정되었다는 주장을 부인하며, 노예제도를 그 예로 들고 있다. 그의 추론 방법이 독특한 것은 그가 사실에 의거하여 권리를 설정하려는 데 있다.[2] 보다 논리적인 방법을 생각하는 것도 가능하지만, 그것은 폭군들에게는 더욱 불리한 방법이 될 것이다.

그러므로 흐로티위스에 의하면 인류가 백여 명의 인간들에게 예속되어 있는 것인지, 백여 명의 인간들이 인류에게 예속되어 있는 것인지 모호하다. 하지만 그의 저서 전체를 통해 보면 그의 의견은 첫 번째로 기울어지는 것 같다. 그리고 이는 홉스[3]의 견해와도 뜻을 같이한다. 이 두 저자는 인류는 여러 가축의 무리로 나뉘고, 이 무리는 제각기 주인을 갖게 되며, 주인은 잡아먹기 위해서만 가축들을 보호해 주는 식이라고 설명했다.

목자가 그의 가축 무리보다 나은 자질을 지녔듯 주인 노릇을 하고 있는 인간 무리도 나머지 인간들보다

---

1) Grotius(표준어-흐로티위스, 라틴어-그로티우스) 1583~1645 : 네덜란드의 법학자이며 외교관. 그는 근대 자연법의 시조라 불리며, 합리주의적인 자연법에 의하여 국제법의 기초를 세웠다.

2) '공법에 관한 학문적인 연구는 흔히 고대 폐습들의 역사일 뿐이다. 그래서 누가 그것들을 애써 연구했다면 그는 헛수고를 한 것이다.' (다르장송 후작의 저서 『프랑스와 인접 제국들과의 이해관계론』, 암스테르담, 레이출판사 刊) 그로티우스가 한 일은 바로 이것이다.

3) Hobbes 1588~1679 : 영국의 철학자

우월한 자질을 지니고 있다. 칼리굴라 황제는 꽤 합리적으로 이와 같은 결론을 내리고, 왕은 신이며 국민은 짐승이라고 주장했다고 필론[4]은 말했다. 칼리굴라 황제의 추론은 홉스나 흐로티위스의 그것과 일치한다.

아리스토텔레스는 어떤 사람들은 노예로 태어나고, 다른 어떤 사람들은 지배자로 태어났기 때문에 인간은 본래 평등하지 않다고 말했다.

아리스토텔레스는 옳았다. 그러나 그는 결과를 원인으로 착각했다. 노예의 신분으로 태어난 사람은 누구나 태어나면 노예가 된다. 이것보다 자명한 사실은 아무것도 없다. 속박으로 인해 노예들은 모든 것, 심지어는 자유로워지려는 욕망까지도 잃어버린다.

율리시스 일행이 짐승과 같은 그들의 생활을 사랑했던 것과 마찬가지로 그들은 자신들의 노예상태를 사랑하게 된다.[5] 그러나 태어날 때부터 노예가 있다

4) Philon 기원전 30?~후 40 : 그리스의 유대계의 철학자로 그리스도교와 헬레니즘 사상의 융화를 꾀하였다.

5) 플루타르크의 논문. 「짐승도 머리를 쓴다」 참조.

면 그것은 이미 후천적인 노예가 있었기 때문이다. 폭력이 최초의 노예를 만들어 냈다. 노예의 비열함이 그들의 노예 신분을 영원히 지속시킨다.

나는 아담 왕이나 그와 동일한 인물로 여겨지곤 했던 사투르누스처럼 우주를 분할해 가진 삼대 군주의 아버지인 노아 황제에 관해서는 전혀 언급하지 않았다. 이러한 나의 절제된 태도를 독자들이 감사하게 여기기를 바란다. 왜냐하면 나도 이 군주들 중 한 군주의 직계 후손이고, 어쩌면 장손일 수도 있으니 족보를 심사했을 때 내가 인류의 정당한 왕이 될지도 모르기 때문이다.

어쨌든, 엄밀히 말해 로빈슨 크루소가 그 섬의 유일한 주민이었기 때문에 그 섬의 왕이었듯이, 아담이 세계의 군주였다는 것은 누구도 부인할 수 없다. 그러므로 이러한 제국에서 아주 유익한 점은 왕좌가 안전하므로 군주가 반란이나 전쟁, 또는 음모를 두려워할 필요가 없다는 것이다.

제3장 _ 강자의 권리

가장 강한 사람도 힘을 권리로, 복종을 의무로 바꾸어 놓지 않으면 결코 강력한 지배자가 되지는 못한다. 강자의 권리는 여기서 비롯된다. 이 권리라는 말이 빈정대는 말처럼 들릴지도 모르겠지만, 실제로는 원칙으로 공인된 것이다. 우리는 이 말을 이해하고 넘어가야 한다.

폭력은 한낱 물리적인 힘이다. 나는 어떻게 폭력의 결과가 덕행을 만들어 낼 수 있는지 이해하지 못하겠다. 폭력에 굴복함은 불가피한 행위이지 의지에서 나오는 행위가 아니다. 그것은 기껏해야 조심성 있는 행위 정도이다. 어떤 의미에서 그것이 도덕적인 의무가 될 수 있겠는가?

당분간 소위 이 권리라는 것이 있다고 가정해 보자. 나는 그것이 사람들을 의아하게 만들 정도의 어리석은 일을 일으키는 요인일 뿐이라고 말하겠다. 왜냐하면 일단 권력이 정의되면 원인과 결과가 뒤바뀌기 때문이다. 그러므로 상대방의 폭력을 이겨낸 다른 폭력은 항상 이전에 있던 폭력의 권력을 이어받는다. 그러나 복종하지 않아도 벌을 받지 않을 때의 불복종은 정당한 것이 된다. 결국 가장 강한 사람이 언제나 가장 정당한 사람이 된다. 문제는 어떻게 가장 강한 사람이 되느냐에 있다.

여기에서 폭력에 의존한 권력을 누군가가 가지고 있었다고 가정해 보자. 그의 폭력이 힘을 다했을 때 그가 가지고 있던 권력이 함께 없어진다면, 그 권력이란 것에 어떤 타당성을 부여할 수 있겠는가? 폭력이 어떤 사람을 강제로 복종시킨다면, 그때 그 사람에게는 이미 복종할 의무가 없다. 그러므로 권력이란 말은 폭력과 다름이 없다. 결국, 그 말에는 아무런 의미가 없다.

"권력 있는 사람에게 복종하시오." 이것이 폭력에

굴복하는 것을 의미한다면 그 교훈은 안전하기는 하지만 불필요하다. 나는 이 교훈이 결코 깨지지 않으리라고 생각한다. 모든 권력은 신에게서 나온다는 것을 나는 시인한다. 그러나 모든 질병도 그로부터 생겨난다. 그런데 아무도 우리가 의사를 부르는 것을 금하지 않는다.

내가 숲 모퉁이에서 강도에게 강탈당했다면 나의 지갑을 강제로 넘겨주게 한 것을 하나의 폭력으로 볼 수 있다. 그러나 나에게 지갑을 내주지 않을 방법이 있었다면 그때에도 나에게 그 돈지갑을 내놓을 의무가 있을까? 결국 강도가 든 권총이 하나의 권력으로 작용한 것이다.

그러므로 폭력이 권력을 만드는 것이 아니라는 사실과 사람은 오직 정당한 권력에만 복종할 의무가 있다는 사실은 분명히 인정되어야 한다. 이제 내가 제기한 처음의 문제로 되돌아가자.

제4장 _ 노예제도

누구도 자기와 같은 사람들을 지배할 천부적인 권력을 가지고 있지는 않다. 결과적으로 폭력만으로는 어떠한 권력도 만들어지지 않기 때문에 사람들 사이의 모든 합법적인 권력은 계약에 근거한 것이어야만 한다.

흐로티위스의 주장대로 어느 한 개인이 자기의 자유를 양도하여 어떤 주인의 노예가 되는 일이 가능하다면, 국민 전체도 자신들의 자유를 양도하여 한 국왕의 충성스러운 국민이 되지 말라는 법이 있겠는가? 이 말에는 뜻이 모호하여 설명이 필요한 여러 단어가 있다. 그러나 여기서는 한 단어 '양도하다'에 국한하여 설명하겠다.

양도한다는 것은 내준다, 또는 팔아 버린다는 뜻이다. 그런데 타인의 노예가 되는 사람은 자신을 내주는 것이 아니라 최소한 자신의 생존을 위해 자신의 몸을 판다는 것이다. 그렇다면 국민 전체는 무엇을 위해 제 몸을 판다는 것일까?

한 나라의 국왕은 백성에게 양식을 주기는커녕, 오히려 그들에게서 자신의 양식을 얻고 있다. 더욱이 라블레의 말에 의하면 국왕들은 검소하게 살지도 않는다고 한다. 그러면 백성들은 재산을 내준다는 조건에 더하여 자신들의 몸까지 바친다는 말인가? 그렇다면 그들이 생존해 나가기 위해 도대체 무엇을 남길 수 있을지 나는 이해하지 못하겠다.

전제군주가 시민의 평안을 보장해 준다고 말하는 사람도 있을 것이다. 이들이 한 전제군주의 야심에 의해 다른 세력들과 싸운다면, 그의 만족할 줄 모르는 탐욕과 대신들의 압제적인 요구가 국민이 분쟁을 일으키는 것보다 더 많은 불행을 일으킨다면, 그것이 그들에게 어떤 도움이 되겠는가? 국민을 평안히 살게 해준다는 조건이 어려운 일 중 하나라면 국민은 거기서 무엇을 얻겠는가?

시계 수리공으로 일하는 루소
시계 수리공으로 일하던 루소는 아버지와 문학, 역사, 플루타르크 영웅전 등을 읽으며 감동을 받는다.

지하감옥 안에도 평화가 있다. 그러나 평화가 존재할 수 있다고 해서 지하감옥을 바람직한 곳이라고 말할 수 있을까? 그리스 사람들은 키클로페스의 동굴 안에서 평온하게 지냈다. 그러나 그들은 잡아먹힐 차례를 기다리고 있었다.

어떤 사람이 아무 대가 없이 자기 자신을 내준다고 말하는 것은 불합리하며 생각할 수조차 없다. 그것을 행한 사람이 바른 정신을 갖지 못했다면 그러한 더더욱 행위는 부당한 것이며 무익한 짓이다. 따라서 국민 전체에 대하여 같은 말을 하는 것은 그 국민 전체가 미치광이라고 가정하는 것이다. 더구나 미친 사람의 행동은 권리가 되지도 않는다.

개인이 자신을 양도할 수는 있을지 모르나, 결코 자신의 자녀를 양도할 수는 없을 것이다. 그들은 인간으로 태어났으며 자유인으로 태어났기 때문이다. 그들의 자유는 그들의 것이다. 그들 이외에는 누구도 그것을 처분할 권리가 없다.

자식이 사리를 분별할 나이가 되기까지는 부모가 생존과 행복을 위한 좋은 조건을 대신 체결할 수는 있다. 그러나 철회할 수도 없도록 무조건적으로 이들을 남에게 넘겨줄 수는 없다. 왜냐하면 이와 같은 증여는 자연의 이치에 어긋나고 친권을 남용하는 월권 행위이기 때문이다.

그러므로 전제정권이 합법적이기 위해서는 한 세대가 바뀔 때마다 국민이 그 정부를 승인하거나 거부할 권리를 가져야 한다. 그렇게 되면 그 정부는 이미 전제적이라고는 말할 수 없을 것이다.

자유를 포기하는 것은 인간성, 인간의 권리, 그리고

의무를 포기하는 것이다. 모든 것을 포기하는 사람에게는 어떤 보상도 있을 수 없다. 이러한 포기 행위는 인간의 본성에 어긋나는 짓이다.

인간의 의지에서 자유를 모두 빼앗는다는 것은 인간의 행동에서 모든 도덕성을 없애 버리는 것을 의미한다. 결국 한편으로는 절대적인 지배권을 규정하고, 다른 한편으로는 절대적인 복종을 규정하는 계약은 무의미하며 무가치한 것이다.

모든 것을 요구할 권리가 있는 사람은 아무런 의무도 가지고 있지 않다는 것이 명백하지 않은가? 한 사람은 이익만을 취하고, 다른 한 사람은 의무만을 가진다는 사실이 그 약정을 무의미한 것으로 만들고 있지 않은가? 그 예로 노예제를 들어보자면 노예가 주인에게 무슨 권리를 주장할 수 있겠는가? 그가 소유하고 있는 것이 모두 다 주인의 것이라면 그의 권리가 주인의 것이며, 그가 자신의 것이라고 주장하는 자신의 권리는 아무런 의미도 없을 것이다.

흐로티위스와 그 밖의 몇 사람들은 노예제가 생겨난 또 다른 기원을 전쟁에서 찾고 있다. 그들의 주장에 따르면, 승리한 자는 패배당한 자를 죽일 권리가 있으므로 패자는 자기의 자유를 담보로 하여 자기의 죽은 목숨을 되찾을 수 있다. 이러한 계약은 양쪽에 고르게 이익이 되므로 더욱 정당하다는 것이다.

그러나 소위 패자를 죽일 권리가 전쟁상태에서 시작된 것이 아님은 분명하다. 거슬러 올라가 보자면 원시적 독립상태에서 살고 있던 사람들에게는 평화나 전쟁상태를 이룰 만큼의 서로에 대한 규제 관계가 없었다.

사람은 태어날 때부터 서로 적이 아니다. 전쟁을 일으키는 것은 사물을 둘러싼 이해의 충돌이며, 전쟁상태는 단순한 대인관계가 아닌 재산을 둘러싼 관계에서만 생긴다. 사람과 사람 사이의 개인적 전쟁은 일정한 고정 재산이 없는 자연상태에서나 법률이 모든 것을 다스리는 사회에서는 존재할 수 없다.

개인 사이의 싸움, 결투, 충돌 같은 것은 전쟁과 같은 광범위하고 지속적인 상태를 조성하는 행위가 아니다. 이와 관련하여 프랑스의 국왕 루이 9세의 칙령으로 공인되었다가 '신의 평화의 뜻' 선언으로 중단된 사적 전쟁에 관해 말한다면, 그것은 봉건제도의 악습일 뿐이다. 봉건제도는 자연법의 원리에 어긋나고 선정에도 위배되는 전례 없이 비합리적인 제도이다.

그러므로 전쟁은 사람들 사이의 관계가 아니라 국가 간의 관계에서 비롯된다. 전쟁에서 개인들은 전적으로 우연히 적이 된다. 그들은 사람으로서나 시민[6]으로서가 아닌 병사로서만 적이 된다. 다시 말해 그들은 나라의 구성원으로서가 아니라 나라의 방위자로서만 적이 된다.

한마디로 말하면 다른 고유한 성질을 가진 사물들

---

6) 어느 다른 국민보다도 전쟁의 권리를 더 잘 이해하고 준수했던 로마인은 이 점에 대해 매우 신중을 기했다. 그러므로 시민은 자기의 적을 상대로 싸운다는 것을 명백히 선서하기 전에는 의용병으로 복무하는 것이 허락되지 않았다. 당시 아들 카토가 포필리우스(Popilius) 휘하에서 전투를 하던 중 군단이 새로이 개편되자, 아버지 카토는 포필리우스에게 편지를 보내 최초의 선서가 무효가 되었으므로 아들은 그가 처음 지적한 적과 더 이상 싸울 수 없게 되었으니, 아들이 계속 포필리우스의 휘하에서 싸우는 것이 희망이라면, 새로이 군사선서를 시켜야 한다고 지적하였다. 그는 아들에게도 다시 선서를 하지 않는 한 전투에 참가하는 것을 삼가라는 당부를 적어 보냈다. 클루지움의 공격전이나 그 외의 특수한 사실들을 들어 나에게 반박하려는 사람도 있을 것임을 알고 있다. 그러나 나는 여기서 법과 관습을 인식하고 있다. 로마인들은 그들의 법을 거의 어기지 않았다. 이처럼 훌륭한 법률을 가졌던 민족은 로마인을 제외하고는 찾을 수 없다.

사이에도 진정한 관계가 있을 수 없다. 각 국가는 적으로 다른 국가만을 가질 수 있을 뿐 사람들을 적으로 삼을 수는 없다.

이 원리는 모든 시대의 확립된 규정과 모든 정치사회의 한결같은 실천강령에 부합한다. 선전포고는 권력자에게보다도 그 백성들에게 전하는 통보이다. 군주에게 선전포고하지 않은 채 백성을 약탈, 살육, 납치하는 이방인은 국왕이든, 개인이든, 민족이든 간에 그들에게 있어 적이 아니라 강도이다.

전투가 한창일 때도 공정한 군주는 전국의 영토 안에 있는 국가재산을 모조리 노획하면서도 개인의 생명과 재산을 존중한다. 이는 그가 자기네 권리의 기반이 되는 권리를 존중하는 것이다. 전쟁의 목적이 적국을 정복하는 것이기 때문에 방위병들이 손에 무기를 들고 있는 한 전투원은 그 국가의 방위병들을 죽일 권리를 가지고 있다.

그러나 그들이 무기를 버리고 항복한다는 것은 그들은 적 또는 적의 도구가 되기를 즉시 그만두겠다는 것이다. 그들은 단순히 다시 인간으로 되돌아오는 것이니, 아무도 그들을 죽일 권리를 갖지 못한다. 이러한 식으로 한 사람도 죽이지 않고 그 국가를 멸망시킬 때도 가끔 있다.

그래서 전쟁은 승리를 위해 불가피하게 필요한 것이 아니면 그 이상의 어떤 파괴를 할 권한을 주지 않는다. 이러한 원칙은 흐로티위스가 세운 것이 아니다. 그 원칙들은 시인의 권위를 바탕으로 세워지지도 않았다. 그 원칙들은 사물의 자연스러운 이치로부터 나왔으며 이성에 근거를 두고 있다.

정복의 권리는 가장 강한 자의 법률일 뿐 그 이상의 다른 근거를 갖지 못한다. 전쟁이 승자에게 패배당한 국민을 살육할 권리를 부여하지 않았다면 받지도 않은 권리를 근거로 패전 국민을 노예로 삼을 권리가 정당화될 수 없다. 사람들이 적을 노예로 만들 수 없을 때만 그들은 적을 죽일 권리를 가진다. 그러므로 적을 노예로 만들 권리가 적을 죽일 권리로부터 생겨날 수 없다.

따라서 적으로 하여금 자유를 팔아 생명을 사도록 하는 것은 부당한 일이다. 생명에 대해서 승자는 어떤 합법적인 권리를 가지고 있지 않다. 생사의 권리를 노예로 삼는 권리의 근거로 삼고, 노예를 삼는 권리를 생사의 권리의 근거로 삼는 논리는 서로 맞물려 악순환에 빠질 수밖에 없다.

모든 사람을 죽일 수 있다는 무서운 권리가 있었다고 우리가 가정하더라도 전쟁에서 생긴 노예나 정복당한 국민은 지배자에 대하여 강요당하는 한 복종해야 하는 것 이외의 다른 의무가 있을 수 없다. 승자가 패자를 살려주고 그 대가를 받는다면 그것은 결코 은혜를 베푼 것이 아니다.

패자를 헛되이 죽이는 대신 승자가 패자를 활용한다고 하면 그것 역시 그를 죽인 것이나 마찬가지다. 그러므로 승자는 힘의 권위 외의 다른 것으로 패자를 승복시킬 수 있는 권위를 획득한 것은 결코 아니다. 따라서 그들 사이에는 전쟁상태가 계속된다. 그들의 관계는 전쟁의 소산물이다. 그리고 전쟁에 있어 권리의 존속은 평화조약이 있을 수 없다는 것을 의미한다. 승자와 패자가 하나의 계약을 확실히 맺었다고는 하나, 이 계약은 전쟁상태를 종식시키기는커녕 오히려 그 계속을 전제로 한다.

이같이 그 문제를 고찰해 보아도 노예권은 효력을 가질 수 없다. 그 권리는 정당하지 않을 뿐만 아니라 비합리적이고 무의미한 것이기 때문이다. 노예와 권리라는 두 말은 서로 모순되며 상쇄한다. 누가 이런 말을 한다고 하자.

"나는 너와 계약을 맺는다. 그 부담은 전적으로 네가 지고 그 이득은 모두 내가 차지한다. 나는 내가 좋아하는 동안은 이 계약을 지킬 테니, 너도 내가 좋아하는 동안은 계약을 지켜라."

이 말이 개인에게 한 것이든, 전 국민에게 한 것이든 간에 근거 없는 소리라는 점에서는 마찬가지일 것이다.

제5장 _ 우리는 항상 처음 맺은 계약으로 돌아가야 한다

대중을 굴복시키는 것과 한 사회를 통치하는 것 사이에는 항상 커다란 차이가 있다. 전제주의 옹호자들이 내가 지금까지 반박해 온 것들을 전부 옳다고 인정하더라도 유리해질 수는 없다.

제각기 흩어져 있는 사람들은 그 수가 아무리 많다고 하더라도 주인과 노예들이라고 여기지 국민과 지도자로 생각하지는 않는다. 그 무리는 어떠한 집단일 뿐 일정한 조직체는 아니기 때문이다.

왜냐하면 거기에는 공공복지나 정체가 없기 때문이다. 어떤 사람이 세상 사람의 절반을 하인으로 만들었다 하더라도 그는 여전히 한 사람의 개인에 불과하다.

그의 이익은 다른 사람들의 이익과는 별개이므로 언제나 사적인 것이다. 마치 참나무가 불에 타면 잿더미가 되고 말듯이 사람이 죽고 나면 그의 사후 제국은 흩어져 분열되어 버릴 것이다.

호로티위스는 국민은 국왕에게 자신을 바칠 수 있다고 말한다. 그러므로 그의 말에 따르면 국민은 자신을 바치기에 앞서 이미 국민이라는 뜻이 된다. 이 헌납은 그 자체가 공민행위이므로 공공의 토론을 전제로 한다.

따라서 국민이 왕을 선출하는 행위를 검토하기에 앞서 국민이 국민의 자격을 갖추는 행위를 검토해 보는 것이 좋을 것이다. 왜냐하면 이 행위는 필연적으로 전자의 행위에 선행하는 것이며, 사회의 진정한 기초가 되기 때문이다.

사실 사전에 어떠한 계약도 없다면 선거가 만장일치가 아닌 이상에야 소수가 다수의 선택을 따라야 할 의무가 어디 있으며, 주인을 원하는 백 사람이 그를 원치 않는 열 사람을 대신하여 투표할 권리가 어디서 생겨나겠는가?

다수결의 법칙도 그 자체가 이미 계약으로 이루어

진 것인 만큼, 적어도 한 번은 그에 대한 만장일치의 결의가 있었음을 전제로 해야 한다.

제6장 _ 사회계약

나는 생존을 방해하는 장애물들이 개개인이 자연상태에 있을 때보다 더 커졌음을 입증해야 하는 시점에 이르렀다고 생각한다. 인류가 존재양식을 바꾸지 않는다면 멸망할 수밖에 없기 때문에 이제 그러한 원시상태는 이미 존속될 수 없다.

사람들은 기존의 힘을 결합하여 살아갈 수밖에 없고, 새로운 힘을 만들어 낼 수는 없다. 따라서 자신을 생존시킬 수 있는 유일한 방법은 어떤 저항도 이겨낼 수 있을 만큼 강한 결합으로 흩어져 있는 힘들을 뭉쳐서 하나의 동기로 삼아 공동 행동으로 나아가는 것이다.

이러한 힘의 총화는 흩어져 있는 사람들의 결합에

의해서만 생겨날 수 있다. 그러나 각자의 힘과 자유가 자신의 생존을 위한 중요한 도구로써 어떻게 해야 통제되며, 손해를 초래하지 않고 개개인을 돌볼 의무에 소홀함이 없을 것인가?

이 주제의 어려운 점을 귀착점에서 보면, 다음과 같은 말로 표현할 수 있을 것이다.

'모든 사람의 공동의 힘으로 구성원 각자의 신체와 재산을 보호하고, 각 개인이 다른 사람들과 결합하고 있으나 자기 자신에게만 복종하고, 종전과 마찬가지로 자유롭게 남아 있을 수 있는 연합 형태를 발견하는 방법.'

이것은 사회계약론이 답을 주어야 하는 근본 문제이다.

이 계약의 조항들은 그 법령의 성격에 의해서 엄격히 결정되며, 조금만 수정하더라도 무효가 된다. 그래서 지금까지 명문화되어 공포된 적은 한 번도 없으나 어디에서나 동일하며 어디에서나 묵계로 받아들여져 인정되고 있다.

견습공이 된 루소
1724년 겨울 12세인 루소는 제네바로 되돌아 가 외삼촌 베르나르와 지냄. 1725년 견습공이 되었고 고용주와 사이가 좋지 않았다.

사회계약이 파기되면 각자가 자신의 최초의 권리를 되찾고 계약상 자유를 버리고 포기하였던 자신의 자연적 자유를 되찾는 과정이 다시 계속된다.

우선 연합의 조항을 잘 이해하면 하나의 조항만이 공동체 전체에 주어진다. 가입자 개개인이 모든 권리와 자신을 전적으로 양도함으로 귀결되는 것이다. 그러므로 첫째로 개개인이 전적으로 자신을 양도함으로써 조건은 누구에게나 평등해진다. 정확하게 조건이 평등해지므로 누구도 타인의 조건을 과중하게 만드는 데 관심을 두지 않을 것이다.

둘째로 이 양도는 절대적이기 때문에 결합은 더할 나위 없이 완전하고 때문에 구성원은 누구나 더 바랄 것이 없게 된다. 그들과 공중(公衆) 사이에서의 판결에 있어서, 그들보다 더 높은 권력자가 없으므로, 그들이 자기 자신의 심판자가 된다. 마찬가지로 각 개인은 모든 점에서 자신의 심판자가 되겠다고 나설 것이다. 따라서 자연의 상태는 여전히 존속할 것이며, 연합체는 필연적으로 전제적인 것이 되거나, 있으나마나 한 것이 된다.

마지막으로 개개인이 자신을 전체에 내어놓기 때문에 스스로는 누구에게도 자신을 내어놓지 않는다. 구성원은 누구나 남에게 자신에 대한 권리를 양보하고 그 사람이 양보하는 그와 동일한 권리를 획득하는 것이다. 그러므로 누구든 자기가 상실한 모든 것과 동일한 대가, 그리고 자기가 소유하고 있는 것을 보존하기 위한 더욱 큰 힘을 얻는다.

그러므로 우리가 사회계약에서 본질이 아닌 것은 제거해 버린다면 우리는 이 계약이 다음과 같은 말로 요약됨을 알게 된다.

'우리는 각자 일반의지의 최고 감독하에 자신의 신체와 모든 힘을 공동체의 것으로 만든다. 우리는 각 구성원을 전체의 불가분의 한 부분으로 대접한다.'

그 순간 각 계약자의 개인 인격은 사라지고 대신에 이 결합행위는 정신적이며 집합적인 단체를 만들어 준다. 총회가 가지고 있는 투표권과 동일한 수의 구성원으로 조직된 이 단체는 결합행위를 통해 각 개인에게 통일성과 공동 '자아' 그리고 생명과 의지를 전해 준다. 이처럼 개인의 인격들이 모두 결합하는 이 공적 인격은 옛날에는 도시국가[7]라 불렸고, 지금은 공화국으로 알려져 있다.

이것이 수동적일 때 국가라고 불리고 능동적일 때

---

7) 이 말의 참뜻은 현대 사회에서는 거의 완전히 없어졌다. 대부분의 사람들이 도회지를 도시로, 부르주아를 시민으로 여기고 있다. 그들은 가옥들이 모여 도회지를 만드는 것이고, 시민이 모여 도시를 만드는 사실을 모르고 있다. 이와 동일한 잘못이 옛날 카르타고인들에게 비싼 희생을 치르게 한 적도 있었다. 시민이라는 칭호가 한 번이라도 어느 군주의 신하와 백성들에게 수여된 적이 있었다는 기록을 나는 보지 못했다. 고대 마케도니아인, 그리고 오늘날 그 어느 다른 국민들보다도 자유롭다는 영국인에게서도 찾아볼 수 없었다. 단지 프랑스인만이 함부로 시민이라는 명칭을 사용하고 있다. 왜냐하면 프랑스인의 사전을 보아도 알 수 있듯이 그들이 그 말의 참다운 개념을 모르고 있기 때문이다. 알고도 그렇게 한다면 그들은 시민권을 찬탈하여 불경죄를 범하는 꼴이 될 것이다. 그들에게는 이 말이 덕을 표현할 뿐 권리를 표시하지는 않는다. 보댕은 우리의 시민과 부르주아에 관해 언급할 때, 양자를 혼동하여 커다란 과오를 범했다. →

는 주권자가 된다. 그와 유사한 다른 것들과 비교될 때 그것은 권력이다. 또 이러한 단체의 구성원들은 집합적으로는 국민이라 불리고, 주권에 참여하는 개인이라는 뜻에서는 시민, 국가의 법률에 종속된다는 의미로는 신민이라 불린다.

그러나 이 용어들은 혼동되어 서로 뒤바뀌어 쓰이기 쉽다. 그러므로 우리는 이들의 정확한 용법을 파악하여 어떻게 구별되는가를 알아야 한다.

→ 그러나 달랑베르는 오류를 범하지 않고, 그의 논문 「제네바 공화국」에서 그곳에 살고 있는 주민의 4계급(단순한 외국인까지 포함한다면 5계급이 됨)을 옳게 분별하여 그 중 2계급만이 공화국을 구성한다고 하였다. 내가 아는 한 이 사람을 제외하고는 다른 어느 프랑스 저자도 시민이라는 말의 참뜻을 이해하지 못하고 있다.

제7장 _ 주권자

사회와 개인 사이는 서로 쌍무계약으로 이루어져 있다는 것을 결합행위는 설명하고 있다. 각 개인은 자기 자신과도 계약을 맺고 있으므로 이중으로 제약을 받고 있다는 점을 알게 된다. 다시 말해 각 개인은 개인들에 대해서는 주권자의 구성원으로서, 주권자에 대해서는 국가의 구성원으로서 계약이행의 의무를 지고 있다.

그러나 여기서는 누구도 자기 자신에게 한 약속을 이행해야 할 법적 의무는 없다는 민법의 준칙을 적용할 수 없다. 왜냐하면 자신에 대하여 의무를 갖는 것과 자기가 속하고 있는 전체에 대하여 의무를 갖는 것 사이에는 커다란 차이점이 있기 때문이다.

바랑 부인

1699년 태어난 바랑 부인을 안시의 꽁피뇽 사제 소개로 만난 루소는 그녀에게 매혹당하며 그녀의 주선으로 트리노의 구호소에 들어가 가톨릭으로 개종한다.

우리는 여기에 다음과 같은 점을 덧붙여야 한다. 신하와 백성 각자는 두 가지의 다른 관계에서 고찰되기 때문에 공공의결은 전체 신하와 백성들에게는 주권자에 대한 의무를 부과할 수 있다. 그러나 그 반대 이유인 경우, 즉 단 하나의 관계로만 고찰되는 경우에는 주권자에게 자기 자신에 대하여 의무를 부과할 수 없으며, 주권자가 자기가 파기할 수 없는 법률을 자신에게 부과한다는 것은 정체의 본질에 어긋난다.

그런데 주권자는 오직 하나의 관계로만 고찰될 수밖에 없으므로 이때 주권자는 자기 자신과 계약을 맺는 개인과 같은 입장에 서게 된다. 그렇기 때문에 국민 전체가 의무적으로 이행해야만 되는 어떤 종류의 기본법도 존재하지 않으며 존재할 수도 없다.

사회계약 또한 마찬가지이다. 이 말은 그 단체가 사회계약을 위반하지 않는 한 다른 단체와 계약을 맺을 수 있다는 것을 의미한다. 왜냐하면 외부의 다른 단체와의 관계에서는 이 단체도 단순히 하나의 존재, 하나의 개인이 되기 때문이다.

그러나 그 행위가 다른 단체에 대한 것이라 하더라

도 누구도 연합의 최초 행위에 저촉되는 행위, 예컨대 자신의 일부를 양도한다든지, 다른 주권자에게 복종한다든지 하는 행위를 저질러 자신을 구속하는 일이 있어서는 안 된다. 정체 또는 주권자는 그 계약의 존재를 신성불가침으로 인정해야 하기 때문이다.

자신의 존재이유를 성립시켜 주는 계약행위를 위반한다면 그의 존재는 저절로 없어지고 마는 것이며, 그렇게 무(無)의 상태가 되면 아무것도 생산되지 않는다.

다수가 하나의 단체로 의결하기만 하면 전체를 공격하지 않는 한 그게 누가 됐건 간에 구성원 중 어느 하나를 해칠 수 없게 된다. 구성원들의 분노를 사지 않고 그 단체를 공격한다는 것은 더욱 어려운 일이다. 이와 같은 의무와 자기 이익은 계약 당사자인 쌍방 모두로 하여금 서로 도울 수밖에 없도록 만든다. 그래서 이 사람들은 이중의 관계 속에서 그에 따르는 모든 이득을 거둬들이려고 노력한다.

그런데 주권자는 전적으로 주권자를 구성하고 있는 개인들에 의해 형성된 것이므로, 그들의 이익에 상반되는 이익은 가지려 들지도 않을 뿐만 아니라 가질 수도 없다. 따라서 정체가 그 구성원 모두를 해치려

든다는 것은 있을 수 없으므로, 주권자의 권력이 신하와 백성을 보증해 주는 것은 불필요한 행위이다.

우리는 주권자가 그 구성원을 개별적으로 해칠 수 없다는 사실은 다음에 알게 될 것이다. 주권자는 주권자가 존재한다는 사실 한 가지만으로 항상 주권자의 모든 조건을 갖추고 있다.

그러나 신하와 백성, 그리고 주권자 사이의 관계에는 이 사실이 적용되지 않는다. 양자가 공동의 이해관계를 가지고 있지만, 주권자가 신민의 충성을 보장받을 수단을 발견하기 전에는 신민이 계약을 지키리라는 보장이 없다.

한 인간으로서 개인은 시민으로서 가져야 할 일반의지에 상반되거나 그것과는 다른 개인 의지를 가질 수 있다. 어떤 개인은 자신의 특수한 이해와 공동의 이해는 전혀 다르다고도 생각할 수 있다.

사람은 본래 독립적이고 절대적인 존재이므로 공동이익에 대한 의무는 무보수의 기여행위라고 생각할지도 모른다. 그리고 이 무보수의 기여행위를 그만둠으로써 타인이 받는 손해가 자신이 치르는 부담보다는 가볍다고 생각할 수 있다.

국가를 구성하고 있는 법인이(그 법인이 실재하는 사람이 아니기 때문에) 허구적 존재라고 생각하고 그는 신하와 백성의 의무는 수행하려 들지 않으면서 시민의 권리만을 향유하려고 할 수 있다. 이런 그릇된 행위가 발전하면 정체의 파멸이 초래될 것이다.

따라서 사회계약이 믿을 수 없는 공식이 되지 않기 위해서는 그 안에 일반의지에 복종하기를 거부하는 자는 누구를 막론하고 모든 단체에 의하여 그것을 따르도록 강요받아야 한다는 약속－이 약속이 있어야만 다른 약속들도 효력을 발생할 수 있다－을 암암리에 내포해야 한다.

이 말은 개인이 자유롭게 되도록 강요한다는 것을 의미한다. 왜냐하면 각 시민을 조국에 바침으로써 모든 개인적 종속으로부터 시민을 보호한다는 조건, 정치기구를 고안하여 운영하는 조건, 사회의 모든 계약을 정당화하는 유일한 조건은 그런 것이기 때문이다. 이 조건이 없다면 사회적 계약은 모두에게 불합리하고 포악해져서 막대한 폐단을 일으키기 쉽다.

제8장 _ 시민사회

자연상태에서 시민사회로의 변화는 인간 내부에 커다란 변화를 일으킨다. 그것은 인간 행위의 규칙으로서 본능 대신 정의를, 과거에는 없던 도덕성을 지니게 한다. 이때 육체적 충동 대신 의무가, 욕망 대신 권리가 그 모습을 드러낸다.

그때까지는 자신만을 돌보던 사람도 이제는 다른 원칙에 의거하여 행동해야 하며, 자기의 욕구에 귀를 기울이기에 앞서 자기의 이성에 문의해 보기 시작한다. 그가 이 상태에서 자연으로부터 얻어 낸 이득 중 여럿을 잃는 것이 사실이지만, 그 대신 얻는 것도 대단히 많다.

그의 능력은 단련되고 개발되며, 사상은 폭이 넓어

지고, 감정은 고양된다. 결국 고양된 영혼이 이 새로운 인간 조건을 남용하여 인간이 벗어난 이전의 상태로 다시 떨어지는 일만 없다면, 자기를 그곳으로부터 영원히 해방시켜 준, 그리고 지식이 없고 사리에 어두운 한 동물에 불과하던 자신을 지적인 존재, 즉 한 인간으로 만들어 준 이 행복한 순간을 축복해야겠다는 데까지 생각이 미칠 것이다.

우리가 대차대조표를 작성해 보면 득실은 쉽게 비교될 수 있을지 모른다. 인간이 사회계약으로 잃어버리는 것은 그의 타고난 자유와 그가 마음 내키면 언제나 취할 수 있는 모든 것에 대한 절대적인 권리이다.

인간이 사회계약으로 얻는 것은 시민의 자유와 그가 소유하고 있는 재산에 대한 법률적인 권리이다. 우리가 한쪽을 다른 쪽과 비교하여 실수를 하지만 않으면, 개인의 육체적인 힘 외에 한계가 없는 타고난 자유와 전체의 의지에 의해 제한받는 시민의 자유를 분명히 구별해야 한다.

우리는 폭력에 의거한 소유권 또는 선취권과 법적인 명분에 의거한 재산도 구별해야 한다. 사람은 자신을 자신의 주인으로 만들어 주는 정신적 자유를 시민사회에서 얻고 있음을 우리는 덧붙여야 한다. 왜냐하면 오로지 욕망의 충동만을 따르는 것은 노예적 굴종이지만, 스스로 만든 법을 좇는 것은 자유이기 때문이다.

제9장 _ 재산에 관하여

공동체는 구성원 각자가 현존하는 상태로 형성된다. 공동체가 만들어지는 순간 그들은 자기 자신과 자기가 소유하고 있는 재산을 포함한 모든 자원을 그 집단에 양도한다. 이러한 행위로 인해 개인의 소유가 주인을 바꾼 것이 아니므로 그 성질을 달리하는 것도 아니며, 그것이 주권자의 수중에 있는 재산이 되는 것도 아니다.

그러나 국가의 자원은 개인의 자원과 비교할 수 없을 정도로 강력한 것이므로 실제로 공공의 소유는 개인의 소유보다 더욱 확고하고 더욱 안전해진다. 그러나 어쨌든 이는 외국인들이 보기에는 정당하지 않을 것이다. 왜냐하면 그들 국가와는 다르게, 사회계약이 모든 권력의 기초가 되는 국가는 개개인의 재산을 국가 안에서 관리할 뿐, 개개인이 모든 재산의 주인이 되기 때문이다. 외국의 경우 국가가 개인에게 물려받은 선취권에 의해서만 개인이 소유자가 될 수 있다. 이것이 강자의 권리보다는 진실하다고 해도, 선취권은 재산 소유권이 설정될 때까지는 참된 권리가 되지 못한다.

본래 사람은 누구나 자기가 필요로 하는 모든 것에 대한 권리를 가진다. 그러나 그를 재산의 소유주로 만들어 주는 적극적인 행위는 그 밖의 다른 재화의 소유를 금지하게 만든다.

일단 자신의 몫이 정해지면 그것만으로 만족할 줄 알아야 한다. 그래서 사람은 공동체에 대하여 그 이상의 권리를 갖지 못한다. 이 점이 자연상태에서는 허약하던 선취권을 정치사회에서 모든 사람이 존중하는 이유다. 여기서 사람들이 존중하는 것은 타인의 소유라는 점이 아니라 내 것이 아니라는 사실이다.

대체로 어느 토지에 대한 선취권을 인정하기 위해서는 다음과 같은 조건이 필요하다. 첫째, 그 토지에

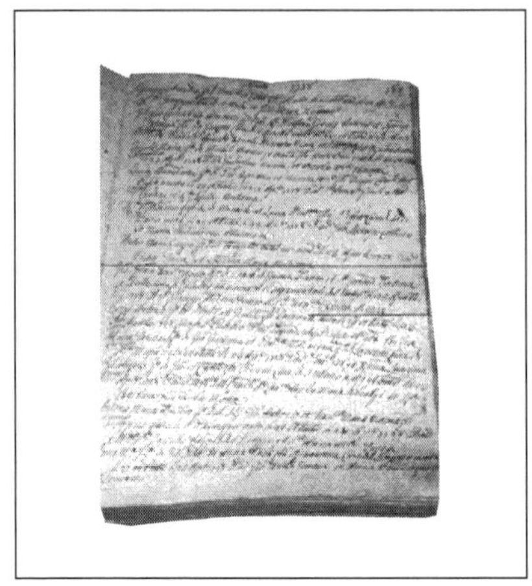

칼뱅주의를 부인한 루소
당시 16세인 루소는 칼뱅주의자 분파를 버리고 1728년 4월 가톨릭으로 개종한다.

는 지금까지 아무도 거주한 적이 없을 것, 둘째, 생존에 필요한 만큼의 토지만을 점유할 것, 셋째, 공허한 형식이 아니라 노동과 경작으로 그 토지를 일구어야 할 것의 세 가지이다.

왜냐하면 노동과 경작만이 소유권의 유일한 징표로서 법률상의 명의가 없는 경우라도 타인으로부터 마땅히 선취권을 존중받아야 하기 때문이다.

필요와 노동을 기준으로 선취권을 부여한다면 그것은 그 의미의 범주를 무제한으로 확대시키는 결과를 낳지 않겠는가? 우리는 이 권리를 제한할 수는 없는가? 공유지에 발을 디디기만 하면, 이어 그 토지의 소유자라고 자처하기에 족한 것인가? 그 토지로부터 다른 사람들을 잠시 내쫓을 힘만 있다면, 그것으로 언제고 되돌아올 그들의 권리를 박탈하기에 충분한가?

약탈은 자연이 인간에게 공동으로 제공한 거주와 양식을 타인에게서 박탈하는 행위이기 때문에 벌 받아 마땅한 것인데도, 개인 또는 국민이 약탈에 의하지 않으면 어떻게 광활한 토지를 점령하고 그곳의 모든 인종으로부터 이를 탈취할 수 있단 말인가?

누네즈 발바오가 해안에 당도하여 카스티유 왕의 이름으로 남태평양과 남아메리카의 모든 토지를 소유했을 때, 그것만으로 모든 원주민에게서 토지를 빼앗고 세계의 모든 군주로 하여금 그곳에 접근하지 못하도록 한 것이 정당한가? 이런 식으로 점령의 의식은 덧없이 반복되었다.

그러다가 급기야 이 가톨릭 왕국의 스페인 국왕은 방에 앉아서 전 세계를 점유해 버렸다. 그는 그 후 자기 제국에서 예전부터 다른 군주가 소유해 온 부분만을 제외했을 뿐이다.

우리는 이제 어떻게 하여 개개인의 토지가 하나로

통합되고, 서로 연결되어 공공의 영토가 되며, 어떻게 주권자의 권리가 백성들로부터 그들의 토지에까지 확대되어 대인적인 동시에 대물적 권리가 되는가를 납득할 수 있다. 이렇게 해서 소유자는 주권의 더욱 강력한 보호를 받게 되며, 또 이렇게 하여 생겨나는 그들의 힘 자체도 그들의 주권에 대한 충성을 보증으로 삼고 있다.

이러한 이점을 고대의 군주들은 별로 의식하지 못했던 것 같다. 그들은 스스로를 오직 페르시아인, 스키타이인, 마케도니아인의 왕이라 부름으로써 국토의 지배자보다는 국민의 지배자로 생각했던 것 같다.

오늘날의 군주들은 보다 능란하게 자신을 프랑스 국왕, 스페인 국왕, 영국의 국왕으로 지칭한다. 이들은 이처럼 국토를 장악함으로써 더욱 확실하게 그 주민들을 장악하고 있는 것이다.

이러한 양도의 특이한 점은 공동체가 개인의 재화를 접수하면서도 그들에게서 이를 박탈하는 것이 아니라 오로지 공동체가 개인에게 정당한 소유를 약속하고, 약탈을 진정한 권리로, 또 향유를 소유권으로 바꾸어 준다는 사실이다.

점유자는 이제 공공재산의 수탁자로 인정되고, 그들의 권리는 국가의 모든 구성원이 존중하고 또 외국에 대해서는 국가가 전력을 다해 이를 보존할 것이다.

그러므로 재산의 점유자들은 공공의 이익도 도모하며, 또 그들 자신에게는 더욱 큰 이득을 가져오는 양보 행위를 통해, 이를테면 그들이 양도한 모든 것을 되찾는 셈이 된다. 이러한 역설은 다음에 설명하겠지만, 주권자와 소유자가 동일한 토지에 대해 가진 권리들을 구별하여 생각하면 쉽게 이해 가능하다.

이런 경우도 있을 수 있다. 즉 아무것도 점유하지 않은 사람들이 우선 모여 공동체를 결성하고, 이어서 전체 사람들이 쓰기에 충분한 토지를 점령하여 이를 공동으로 소유한다든지, 아니면 평등하게 또는 주권자가 정하는 비율대로 각자가 분할하여 갖는다.

그러나 토지의 취득 형식이 어떠하든 간에, 자기 자신의 토지에 대한 개개인의 권리는 항상 공동체가 모든 토지에 대해 갖는 권리에 종속되는 법이다. 만약 그렇지 않다면 사회적 유대의 견고성을 기할 수 없으며, 또 주권을 행사함에 그 실효를 거둘 수 없게 되기 때문이다.

나는 모든 사회제도의 기본이 되어야 할 한 가지 사실을 지적하면서 이 단원을 끝맺고자 한다.

그것, 즉 기본적 계약은 자연적 평등을 파괴시키는 것이 아니라, 반대로 인간들 사이에 자연적으로 생겨날 수 있었던 육체적 불평등을 도덕적이며 법률적인 평등으로 대치한다는 사실이다. 인간은 체력 또는 재능에 있어 불평등할 수 있으므로 계약에 의하여, 법적으로 모두가 평등해질 수 있다.[8)]

8) 그릇된 정부에서는 이러한 평등은 피상적이고 환상적인 것이다. 이 경우에 평등은 가난한 자는 언제나 비참한 상태에 처하도록 하고, 부자는 언제나 약탈할 수 있는 위치에 서도록 만드는 일에 이용될 뿐이다. 법률은 일상에서 언제나 있는 자에게는 유익하고 없는 자에게는 해롭기만 하다. 따라서 사회상태가 인간에게 유익한 것은 이들 모두가 일정한 재산의 소유자가 되고 균등하게 그들 중 누구도 지나치게 소유하지 않는 경우에 한한다는 결론이 나온다.

Chapter 2

내가 지금 말한 것은 도덕, 관습, 여론을 일컫는다.

정치가들에게는 잘 알려져 있지 않지만

모든 권력행사의 성공은 이것에 달려 있다.

훌륭한 입법자들은 특수한 법제에만 신경을 쓰고 있는 듯하지만,

실제는 이것에 은밀히 머리를 쓰고 있다.

그 이유는 여러 특수법들이 지붕을 지탱하는 아치에 불과한 반면,

도덕은 형성되기까지는 보다 긴 시간이 걸리지만

결국은 이 아치를 확고히 지탱하는 초석 역할을 하기 때문이다.

제1장 _ 주권은 양도할 수 없다

지금까지 확립된 여러 원칙 가운데 가장 긴급하고 중요한 결론은 국가가 공공복지를 성취하기 위해서 힘을 써야 할 경우, 일반의지만이 집단이 설립된 목적에 따라 그 힘을 지휘할 수 있다는 것이다. 개인 간 이해관계의 대립이 사회건설을 필요하게 만들었다면, 사회건설을 가능하게 한 것은 그들 간의 이해의 일치이기 때문이다.

사회적 유대는 서로 다른 여러 이해 가운데 누구나 가지고 있는 공통의 이해로부터 형성된다. 모든 이해 사이에 서로 일치되는 점이 없다면 어떠한 사회도 존재할 수 없을 것이다. 그래서 사회는 오직 공동의 이익을 기반으로 통치되어야 한다.

첫 번째 사랑

루소는 18살에 여성의 매력을 알았고, 그의 감상적인 교육을 시작했다. 1730년 여름에 그는 부르주아인 2명의 젊은 소녀와 첫사랑을 경험한다. 그 두 소녀는 Mlle Galley와 Mlle de Graffenried이다. 두 소녀 모두 루소와 같이 가톨릭으로 개종한다.

그러므로 나는 주권은 일반의지의 행사이므로 결코 양도될 수 없으며, 주권은 오로지 집합적 존재이므로 그 자체에 의해서만 대표될 수 있다고 주장한다. 권력은 이양될 수 있다 하더라도 의지는 결코 그럴 수 없다.

한 개인의 의지가 일반의지와 일치할 수도 있으나 그것은 지속적이거나 항구적일 수 없다. 왜냐하면 일반의지는 평등을 지향하는 반면 개인의 의지는 본질적으로 편파적인 경향을 띠기 때문이다.

누군가 그러한 일치가 언제나 지속된다고 말하더라도 그것을 보장하기란 불가능하다. 만약 지속되는 예가 있다면 그것은 우연의 결과일 뿐이지 의도로써 도출된 결과는 아니다.

주권자는 "지금 내가 원하는 것은 정확히 이 사람이 원하는 것이다." 또는 적어도 "그 사람이 원한다고 말하는 것을 나 또한 원한다."라고 말할 수 있을지 모른다. 그러나 어느 주권자도 "내일 이 사람이 원할 것을 나도 원할 것이다."라고는 결코 말할 수 없다. 왜냐하면 어떤 사람이 미래에 자기 자신을 속박하고자 하는 것은 불합리하며, 자신의 이익에 반대되는 어떤 것에 동의하고 싶어 하는 것은 분명히 모순되기 때문이다.

국민이 오직 복종하겠다고 약속한다면 이 행위로 인하여 국민은 해체되고, 국민의 자격도 상실된다. 지배자를 인정하는 순간 주권자의 존재는 사라지고 정체는 파괴되고 만다.

이 말은 주권자가 통치자의 명령에 반대할 자유를 가지고 있으면서도 반대하지 않으면 통치자의 명령이 일반의지로 간주될 수 없다는 말은 결코 아니다. 이런 경우 국민의 침묵은 곧 국민의 동의라는 가정을 인정할 수밖에 없다. 이 점은 후에 좀 더 자세히 설명할 것이다.

제2장 _ 주권은 분할될 수 없다

주권은 양도할 수 없는 것과 같은 이유로 분할될 수 없다. 왜냐하면 의지는 전체적[9]이거나, 그렇지 않거나 둘 중 하나이기 때문이다.

의지는 국민 전체의 의지이거나 일부의 의지일 뿐이다. 첫 번째의 경우에 공표된 의지는 주권행위이며, 법률이 된다. 두 번째 경우에 그것은 하나의 특수한 의지의 공표일 뿐이거나 행정기관의 행위이며 고작 명령일 뿐이다.

---

9) 어떤 의지가 전체적인 것이 되려면 그 의지가 반드시 만장일치가 되어야만 하는 것은 아니지만 전원의 투표가 집계되어야 할 필요는 있다. 형식상으로 제외되는 표가 하나라도 생기면, 그것은 의지의 일반성을 파괴한다.

그러나 어떤 정치 이론가들은 주권이 원리적으로는 분할될 수 없으므로 목적에 따라 주권을 분할한다. 그들은 그것을 힘과 의지로, 다시 말해 입법권과 사법권으로 그리고 과세권, 선전권으로, 또 국내 행정권과 대외조약 체결권으로 분할한다. 그들은 그것들을 때로는 통합하고 때로는 분리한다.

그들은 주권을 가공의 창조물, 즉 분리된 부분들을 주워 모은 것으로 만들고 있다. 그것은 마치 몇 개의 부분품을 가지고, 그러니까 눈 부속 하나, 팔 부속 하나, 다리 부속 하나씩을 각각 모아 인간을 조립하려는 생각과 전혀 다르지 않다.

소문에 의하면 일본의 약장수들은 관중이 보는 앞에서 어린아이의 사지를 토막 내어, 이것들을 차례로 공중에 집어 던진 다음, 떨어질 때 이것들을 다시 합쳐 살아 있는 아이로 만든다고 한다.

정치학자들이 부리는 재주도 이와 다를 것이 없다. 이들은 장터에서 내보여도 좋을 만큼 능숙한 솜씨로 사회단체를 일단 토막 낸 다음, 그 방법은 알 수 없으나 이 토막을 다시 모아 조립한다.

그 오류는 주권에 대한 정확한 개념을 갖지 못한 것과 단순한 주권의 파생물을 주권의 일부분으로 잘못 생각한 데서 비롯된다. 예를 들면 선전포고 행위와 교전국 간의 화의 행위가 주권의 행위로 간주되어 왔다.

그런데 그것들은 주권의 행위가 아니다. 왜냐하면 이러한 행위는 법률 자체가 아니라 법률의 적용에 불과하기 때문이다.

'법률' 이라는 말에 결부된 개념이 확정되면 명백해지겠지만, 앞의 사례는 법률의 판례를 결정짓는 하나의 특수한 행위에 불과하다.

주권이 분할되어 있는 것처럼 생각될 때마다 같은 방법으로 다른 주권의 분할도 자세히 조사하면 거기에는 항상 잘못이 있다는 사실을 알게 된다. 또한 주권의 일부처럼 보이는 권리가 실제로는 모두가 주권에 종속되어 있으며, 이 권리는 항상 최고 의지의 존재를 전제로 하는 집행의 수단에 불과하다는 사실을 알 수 있다.

정치적 권리에 관한 이론가들이 자신의 원칙을 국왕과 국민 각자의 권리를 판단하는 데에 적용하려 할 때 그 부정확성은 이루 다 말할 수 없을 정도로 이론가들의 결론을 흐리게 해 왔다.

호로티위스의 저서 제1권 제3장과 제4장을 보면 이 현학자와 역자인 바르베라크[10]가 자기들의 생각을 피력하는 데 너무 지나치지는 않았는지, 너무 소홀하지는 않았는지 두려워하고 그들이 도모해야 했던 이해관계를 그르치지는 않았는가를 두려워한 나머지, 그들이 궤변에 빠져 자기모순을 범하고 있다는 사실을 누구나 쉽게 알 수 있다.

자기 조국에 불만을 품고 프랑스로 망명한 흐로티위스는 자기의 저서를 바쳐 루이 13세의 총애를 얻으려고 했다. 온갖 기교를 다한 그의 저서는 국민의 모든 권리를 박탈하여 그것을 왕에게 부여하는 데 수단과 방법을 가리지 않고 있다.

그 역서를 영국 왕 조지 1세에게 바친 바르베라크의 의도도 이런 것이었을 것이다. 그러나 유감스럽게도 그가 양위라고 표현하고 있는 제임스 2세의 폐위로

---

10) Barbeyrac 1674~1744 : 프랑스의 법학자로 당시 국제법의 자연법 학파의 한 사람이다. 그는 흐로티위스, 푸펜도르프의 저서를 프랑스어로 번역하였다.

윌리엄 왕을 찬탈자로 만들지 않으려면 그는 어쩔 수 없이 회피적인 태도를 취해 말을 돌려 얼버무리는 수밖에 없었다.

이 두 저자가 참된 원칙을 적용하였던들 이러한 곤경은 없었을 것이고, 그들의 논리에는 시종 일관성이 있었을 것이다. 그러나 그렇게 했더라면 국민에게만 경의를 표하는 것이 되어 버리기 때문에 진리를 말하기가 고통스러웠을 것이다. 진리는 결코 행운에 이르는 길이 아니며, 대사직이나 교수직 또는 연금을 국민이 주는 것도 아니니까 말이다.

제3장 _ 일반의지는 언제나 공명정대한가

내 논술에 의하면 일반의지는 언제나 공명정대하고 항상 공익의 경향을 띤다는 결론이 도출된다. 그러나 국민의 의결은 항상 이와 같은 공정성을 가지지는 않는다.

우리는 항상 이익을 바란다. 그러나 우리는 무엇이 우리에게 이익인가를 항상 분간하지는 못한다. 국민은 결코 매수되지 않으나 가끔 속는다. 그런 때만은 국민은 해로운 것을 원하고 있는 것 같다.

한 당파의 의지(모든 개인이 원하는 것)와 일반의지 사이에는 가끔 큰 차이가 있다. 일반의지는 공익에만 유의한다. 반면 모든 개인의 의지는 개인의 이익을 목표로 한다. 그러므로 그것은 개인 의지의 총화에 불과하다. 그러나 이 각각의 의지들 가운데서, 지나친 의지와 부족한 의지가 서로 셈을 비겨 버리면[11] 그 결과로 일반의지가 남게 된다.

국민이 자기의 견해를 충분히 진술하여 결의할 때 시민 상호 간에 사전협의가 없었다는 전제만 있다면 언제나 많은 수의 사소한 의견대립을 통해 일반의지가 얻어질 것이다. 따라서 그 결의는 항상 옳게 될 것이다.

그러나 이익단체들, 즉 전체를 희생시키는 당파들이 형성될 때는 각 당파의 의지는 그곳의 당원들에게 있어서는 전체적인 것이 되지만, 국가 내에서는 개인적인 의지가 된다. 이 경우 투표수는 개개인의 인원

---

11) 다르장송 후작은 "각자의 이익은 서로 다른 원칙 위에 서 있다. 그러나 두 개인의 이익이 일치되는 것은 제3자의 이익과 대항하여 맞설 때다."라고 말하였다. "모든 사람의 이해가 일치하는 것은 각자의 이해가 서로 대립되는 것으로 형성된다."고 덧붙여 말할 수 있었을 것이다. 상반되는 이해관계가 있지 않다면 아무런 방해도 받지 않는 공공의 이익이라는 것이 실감될 수 있을지 모른다. 그렇게 된다면 모든 일은 저절로 잘 되어갈 것이고, 정치라는 것도 하등의 기술이 필요 없는 것이 될 것이다.

수가 아니라 당파의 숫자와 같다고 말할 수 있다. 따라서 이때는 서로 다른 의견의 개수가 그만큼 적어지기 때문에 다양성이 줄어든다.

이렇게 얻어진 결의는 보편성을 덜 띠게 된다. 종국에 이 당파들 가운데 어느 한 당파가 커져서 나머지 군소 당파를 제압하게 되면, 이때 얻어지는 결과는 개인들의 사소한 의견대립의 총화가 아니라 오직 한 편만의 의지이다. 이때는 이미 일반의지는 존재하지 않는다. 승리한 의견은 개인적인 의견에 불과하다.

그러므로 일반의지가 옳게 표명되기 위해서는 국가 내에 당파가 없어야 한다. 시민 각자가 오직 자신의 의견에 따라 개진하는 것[12]이 중요하다.

위대한 리쿠르고스[13]의 유례없이 탁월한 제도가 그

---

12) 마키아벨리에 의하면, "분열에는 공화국에 해로운 것과 유익한 것이 있다. 당파와 더불어 생기는 대립은 공화국에 해롭고 이런 것에 관계하지 않는 대립은 유익한 것이다. 그러므로 어떠한 공화국의 창설자도 국가 내에 대립이 생기는 것을 막을 길은 없다 하더라도, 적어도 그 대립하는 자들이 당으로 뭉치게 되는 일은 없도록 미리 방비해야 한다."(『플로렌스 역사』, 제7권)

13) Lykurgos : 스파르타의 입법자로 스파르타 발전의 기초를 닦았다. 실재의 인물이 아니라는 설이 있다.

것이다. 당파가 이미 존재하는 경우에는 당파를 더욱 많이 만듦으로써 불공평한 결의가 없도록 해야 한다. 그것은 솔론[14], 누마[15], 세르비우스[16]가 행한 방법이다. 이처럼 신중한 대책 상에서만 일반의지가 명백히 제시된다. 따라서 그것은 국민이 기만당하는 것을 막는 유일한 강구책이다.

---

14) Solon : 기원전 640~558? 고대 그리스 아테네의 정치가이자 그리스 7현의 한 사람이다.

15) Numa : 기원전 715~673 사비니족 출신의 로마의 왕이다. 각종 제사장직을 신설하여 가난한 시민에게 토지를 분배하고, 직업에 따라 시민을 구분했다.

16) Servius : 로마의 왕으로 전설적인 인물이다. 백 명을 단위로 하는 소집단별로 통치하는 정치제도를 창안하였다.

제4장 _ 주권의 한계

국가는 구성원들의 단결 속에서만 생명을 유지할 수 있는 정신적 인격체이다. 국가의 가장 중요한 관심이 국가의 생명을 보존하는 일이라고 전제해 보자. 이때 국가는 전체에 가장 유리한 방법으로 각 부분을 동원하고 배치하기 위해 포괄적이며 강제적인 권한을 마땅히 필요로 한다.

자연이 모든 사람에게 자신의 신체 각 부분에 대하여 절대 권한을 부여한 것처럼, 사회계약은 정치체에 단체의 전 구성원을 지배할 수 있는 절대적인 권력을 부여하고 있다. 앞에서 말했듯이 주권이라는 명칭을 지닌, 일반의지의 지휘를 받는 권력은 이와 같은 권한이다.

그러나 우리는 이 공적 인격 이외에 그것을 구성하고 있는 사적 인격을 고려해야 한다. 이 사적인 개인의 생명과 자유는 본래 공적 인격과는 관계가 없다. 그러므로 우리는 시민의 권리와 주권자의 권리를 명확하게 구별해야 한다.[17] 시민이 백성의 자격으로 이행해야 할 의무와 인간으로서 향유해야 할 타고난 권리를 명백히 구별해야 한다.

우리는 사회계약에 따라 공동체를 유지하는 데 필요한 각 개인의 능력, 재화, 그리고 자유 중 일부분만을 양도하는 것을 인정했다. 그러나 우리는 필요의 정도는 주권자만이 결정할 수 있다는 사실을 먼저 인정해야 한다. 시민이 국가를 위해 할 수 있는 모든 봉사는 주권자가 그 봉사를 요구하는 순간부터 국가에 대한 시민의 의무가 된다.

그러나 주권자 측에서도 공동체에 무용한 봉사를 백성에게 부과할 수 없다. 주권자는 그런 생각을 가

17) 세심한 독자들에게 부탁하노니 내가 여기서 자기 모순에 빠진 것을 서둘러 탓하지 말길 바란다. 언어의 미흡함으로 표현상 이런 모순을 피할 수 없었다. 그러나 좀 더 두고 보자.

져선 안 된다. 왜냐하면 이성의 법칙과 마찬가지로 자연의 법칙하에서도 이유 없는 일은 결코 생길 수 없기 때문이다.

우리를 사회단체에 묶어 놓고 있는 계약은 의무적이며 쌍무적이다. 그래서 이런 계약을 이행하는 경우에 사람들은 남을 위해 일하는 동시에 자신을 위해 일하는 것이 된다. 일반의지가 언제나 옳은 것이고, 사람들은 누구나 각자의 행복을 항상 바라며, 누구나 '각자' 라는 말을 자신으로 생각하고, 모든 사람을 위해 투표를 할 때도 실은 자기 자신을 생각한다는 데 그 이유가 있다.

이러한 사실은 권리의 평등과 거기서 비롯되는 정의의 개념이 각 개인이 가지고 있는 바람으로부터 유래하므로 결과적으로는 인간의 본성에서 유래한다는 사실을 증명해 준다. 그것은 역시 그 본질과 같이 목적 또한 일반의지가 되어야 한다는 것을 입증하고 있다. 그러므로 일반의지는 전체에서 비롯되어 전체에 적용되어야 한다.

루소의 삶에서 가장 행복했던 시간
루소는 『고백』에서 목가적인 장소로 기억했던 바랑 부인의 시골집인 샹베르메트에서 8년 동안 바랑 부인과 깊은 관계로 살다가 리옹에서 한동안 가정교사 생활을 했다.

다시 말해 일반의지가 어느 개인적이고 제한된 목적에 편중되어 사용되는 경우에는 일반의지는 본래의 정당성을 잃어버린다. 왜냐하면 이 경우 우리는 자기 자신과 관계없는 일에 관여하고 있는 것이므로 우리를 이끌어줄 참다운 공정함의 원칙을 가질 수 없기 때문이다.

우리가 사전에 맺어진 일반 계약에 규정되어 있지 않은 점에 관해 어떤 특수한 사실이나 권리가 다르다는 사실을 발견할 때 그 사실은 언제나 분규를 일으킨다. 이것은 당사자인 개인과 상대방인 공동체 간의 소송문제가 된다. 그러나 여기에는 기준이 되어야 할 법률이 없고, 판결을 내려야 하는 재판관도 찾을 수 없다.

그런 논쟁에서 일반의지에 명시된 결정에 따르는 것은 불합리하다. 왜냐하면 이때의 일반의지는 쌍방 중 어느 한편의 결정일 수밖에 없고, 상대방에게는 타인의 개인적인 의지에 지나지 않으며, 이러한 경우 자칫하면 부정으로 흘러 과오를 범하기 쉽기 때문이다.

그러므로 개인의 의지가 일반의지를 대표할 수 없는 것처럼, 일반의지가 개인의 경우를 다루려고 하면 그 성격이 바뀐다. 일반의지는 개인이나 어느 한 사실에 대해서 판결을 내릴 수 없다.

예를 들면 아테네 국민은 그들의 통치자를 임면(任免)하고, 어떤 사람은 표창하고, 어떤 사람은 징계하였으며, 그 밖에도 다수의 특별법을 제정하여 정부가 해야 하는 행위를 가리지 않고 모조리 해치웠었다.

당시 국민은 이미 엄밀한 의미에서 일반의지를 잃었다. 그들은 주권자로서 행동하기를 그만두고 행정인으로서 행동하고 있었다. 이 사실은 일반적인 견해와는 다를지 모르겠으나, 후에 다시 나의 견해를 자세히 이야기할 시간을 갖겠다.

내가 지금까지 이야기해 온 바에 따르면 일반의지가 전체성을 갖는 것은 찬성 투표자 수에 좌우되기보다는 오히려 투표자 상호 간을 결속시키고 있는 공통된 이해관계에 좌우된다는 점은 분명하다. 왜냐하면 이와 같은 제도 안에서는 자기가 타인에게 강요하고 있는 계약 조항이라면 자신도 필연적으로 거기에 복종해야 하기 때문이다.

이 이익과 정의의 훌륭한 일치는 공동의 결의에 공정성을 부여한다. 그러나 모든 개인적인 문제에 대한 토의에서 이러한 공정성은 사라져 버린다. 왜냐하면 이 경우에 판결자와 당사자 사이에 양자가 고수하고 있는 규칙을 근접시키거나 일치시킬 수 있는 아무런 공동 이익이 없기 때문이다.

어느 측면에서 이 원칙을 살펴보아도 우리는 항상 동일한 결론에 이르게 된다. 다시 말해 그 결론이란 사회계약은 시민들 모두를 동일한 계약 조건에 얽매이게 하며, 동일한 권리를 모두가 향유할 수 있도록 평등성을 확립해 주고 있다는 것이다.

그러므로 주권의 모든 행위를 조절하는 사회계약은, 다시 말해 일반의지의 정당한 행위는 시민 전체가 동등하게 의무와 권리에 참여케 하는 것이다. 따라서 주권자는 오로지 단체로서 국민을 인정할 뿐이며, 구성원 개개인 사이에는 전혀 차별을 두지 않는다.

그렇다면 엄격하게 말해서 주권의 행위는 무엇인가? 주권의 행위는 상급자와 하급자 간의 계약행위를 말하는 것이 아니라, 단체가 구성원 각자와 맺는 계약행위를 말하는 것이다. 주권행위의 근거가 사회계약이기 때문에 주권행위는 합법적이다. 이 계약은 만인에게 고루 통용되므로 공평하다. 또한 이 계약은 일반의 복지를 도모하는 것 이외의 다른 목적이 있을 수 없으므로 유익하며, 공공의 힘과 권력의 보장을 받고 있으므로 확고하다.

백성들이 이와 같은 계약만을 따르는 한, 그들은 누군가에게 복종하는 것이 아니라 자기 자신의 의지만을 좇는 것이다. 그러므로 주권자의 권리와 시민의 권리가 각각 어디까지 확대되는가를 묻는다면 그 물음은 개인은 전체에 대하여, 전체는 각 개인에 대하여 어느 정도까지 의무를 질 수 있는가를 묻는 것이다.

이 사실에 따르면 주권자의 권력은 절대적이고 신성불가침한 것처럼 보이지만, 일반 계약의 한계를 넘지 않으며 넘을 수도 없다는 사실이 분명해진다. 사람은 누구나 이 계약에 따라 자신의 몫으로 남겨진 재산과 자유를 마음대로 처분할 수 있다는 것도 분명하다.

이 사실에 따르면 주권자는 어느 시민에게도 다른 사람보다 많은 짐을 부과할 권리가 없다는 결론이 도출된다. 이 경우에는 사건이 특수해져서 주권자의 권한 밖의 문제가 되기 때문이다.

이와 같은 구별이 일단 용납될 때, 개인들이 사회계약으로 인해 자기가 소유하고 있던 것을 포기해야 한다고 생각한다면 그것은 몹시 그릇된 생각이다. 오히려 계약의 결과로 얻어진 그들의 위치는 실제로 이전에 비해 나아진다고 생각하는 편이 맞을 것이다.

그들은 자신의 것을 양도한 것이 아니라 일종의 유리한 교환을 한 것뿐이다. 그들은 이 교환에서 불확실하고 불안전한 존재 양식을 버리고 더 확실하고 안전한 존재 양식을 얻으며, 자연적 독립 대신에 자유를, 타인을 해할 힘 대신에 자신의 안전을, 타인의 힘보다 열세에 놓일 수도 있는 자신의 미약한 힘 대신에 사회적 단결을 바탕으로 한 무적의 힘을 얻는다.

실은 개인이 국가에 바친 목숨까지도 국가에 의해 항구적인 보호를 받는다. 그러므로 그들이 국가의 방위를 위해 생명을 내건다면 그 행위는 이들이 국가로부터 받은 것을 국가에 되돌려 주는 행위일 따름이다.

그들이 불가피한 전투를 개시하고 목숨을 내걸어 생존에 필요한 것들을 지켜낸다면, 그것은 자연상태에서 더욱 큰 위험을 안고 빈번히 수행하던 행위일 뿐이다. 모든 사람이 필요하다면 조국을 위해 싸워야 한다. 그것은 사실이다. 그러나 그 누구도 자신을 위해서 싸워야 할 필요가 없다는 것도 사실이다. 우리는 우리의 안전을 도모하는 국가를 위해 자연상태에서 감당했던 위험의 극히 일부만을 무릅쓰면 된다. 그렇다면 우리는 이득을 보고 있는 것이 아닌가?

제5장 _ 삶과 죽음의 권리

자기 자신의 생명을 자유롭게 처분할 수 있는 권리가 없는 개인들이 어떻게 자기가 소유하고 있지도 않은 권리를 주권자에게 이양할 수 있는가를 반문하는 사람도 있다. 이 질문은 잘못되었기 때문에 언뜻 보아서는 답을 하기가 어렵다.

사람은 누구나 자신의 고유한 생명을 보존하기 위해서 자신의 생명을 걸고 위험을 무릅쓸 권리를 가진다. 일찍이 화재를 피하려고 창문으로 뛰어내리는 사람을 두고 자살 미수범이라고 지적한 예가 있는가? 폭풍의 위험을 알면서도 승선하여 항해 중에 폭풍을 만나 사망한 사람에게 자살죄가 적용된 예가 일찍이 있었던가?

사회계약은 계약자의 생명 보존을 목적으로 한다. 목적을 달성하려고 하는 사람은 수단을 요구한다. 그런데 이 수단은 다소의 위험과 때로는 상당한 희생까지도 수반한다. 타인의 희생으로 자신의 생명을 보존하려고 하는 사람은 타인을 위해 필요하다면 자신도 마땅히 생명을 희생하여야 한다. 더욱이 시민은 법률이 자기에게 부과하려는 위험에 대하여 이미 왈가왈부할 수 없다.

군주가 시민에게 "국가를 위해 그대가 죽어야 한다."고 명할 때, 그는 죽을 수밖에 없다. 왜냐하면 그가 지금까지 안전하게 살아올 수 있었던 것은 오로지 이 계약 조건 아래에서만 가능했던 일이며, 그의 생명은 자연이 베풀어 준 은혜만이 아니라 국가에 의하여 조건부로 받은 선물이기도 하기 때문이다.

범죄인에게 가해지는 사형도 이와 비슷한 관점에서 바라볼 수 있다. 살인자가 사형을 받는 것에 동의하는 것은 자기 자신이 살인자의 희생물이 되는 것을 피하기 위해서다. 사람들은 사회계약을 맺어서 자신의 목숨을 남에게 양도하고 있다고 생각하지 않고 자기의 생명을 보장하고 있다고 생각할 뿐이다. 그래서

유산 상속을 위해 제네바로 가는 루소
1737년 7월 말 25세인 루소는 어머니의 유산을 상속받기 위해 제네바로 간다. 루소는 그의 어머니의 토지(대략 6,500 플로린 금화)와 주식을 상속 받았으며, 바랑 부인에게 답례할 수 있어서 기뻐했다고 한다. / 당시 제네바의 정경.

우리는 계약 당사자 중 어느 누군가가 처형당할 것이라고는 생각지 않을 것이다.

더욱이 모든 범죄자는 사회의 법을 침범했기 때문에 그 행위로 인해 그들은 조국에 대한 반역자이자 배신자가 되어 버린다. 조국의 법률을 위반함으로써 그들은 구성원으로서의 자격을 잃는다. 그뿐 아니라 그들은 조국을 적대시하기까지 한다.

이렇게 되면 국가의 존립과 개인의 생명 보존이 양

립할 수 없으므로 둘 중 하나가 없어져야 한다. 그래서 누군가 죄인이 되어 처형당할 때 그는 시민보다는 차라리 적으로 간주된다. 이 처벌의 심리와 판결은 그가 사회계약을 깨뜨렸으며, 따라서 이미 국가의 구성원이 아니라는 증명이며 선언이다.

그런데 그는 국내에 거주하는 것만으로 자신이 국가의 구성원임을 받아들였기 때문에 그는 사회계약의 위반자로 국가로부터 추방되거나, 아니면 공공의 적으로 사형에 처해야 한다. 왜냐하면 그와 같은 적은 정신적 인격체가 아니라 한 인간일 뿐이다. 그러므로 전쟁 시 피정복자를 살해하는 경우와 같다.

그러나 범죄인의 유죄판결은 특수한 행위라고 주장하는 사람도 있을 것이다. 나도 찬성한다. 그러므로 그런 임무는 주권자가 할 일이 아니다. 범죄자의 유죄판결은 주권자가 위임할 수는 있지만, 자신이 스스로 행사할 수 없는 권리이다. 나의 모든 이론은 질서정연한 것이지만, 그 모든 것들을 한꺼번에 설명할 수는 없다.

어쨌든 형벌이 자주 행해진다는 것은 항상 정부가 미약하거나 태만하다는 징조이다. 사람은 아무리 악덕한 자라고 하더라도 어딘가에 쓸모가 있다. 본보기를 보이기 위한 것이라 할지라도 우리는 틀림없이 위험인물이라고 확인된 자만을 처형할 권리를 가진다.

사면권, 즉 법률로 확정되었으며 재판관에 의해 선고된 형벌로부터 죄인을 사면해 주는 권리에 대해 말하자면, 이 권리는 재판관과 법률보다도 높은 곳에 있는 자만이 가질 수 있다. 다시 말해 주권자만이 사면권을 가진다.

더구나 이 권리는 주권자의 권리라고는 하지만 몹시 불분명해서 실제로 그것이 행사되는 경우는 매우 드물다. 그리고 올바르게 통치되고 있는 국가에서는 형벌 자체가 매우 드물다.

그러나 이것은 사면령이 많아서가 아니라 범법자가 별로 없기 때문이다. 국가가 쇠망해 가고 있을 때는 범죄가 묵인되는 예가 많다. 로마 공화국에서는 원로원도 집정관도 결코 죄를 용서하려고 애쓴 적은 없었다. 하물며 국민까지도 자신이 내린 판결을 취소하는 일은 있어도 죄를 용서한 적은 없었다.

사면 행위가 잦다는 것은 머지않아 범죄가 사면을 필요로 하지 않을 날이 올 것을 예고하고 있다. 그 결과가 어떻게 되리라는 것은 눈에 선하다. 그러나 나의 마음은 다음과 같이 속삭이며 글쓰기를 만류하는 것 같다.

'지금까지 단 한 번도 죄를 지은 적이 없어서 한 번도 스스로 사면의 필요성을 느껴 보지 못한 정의로운 인간에게 이 문제를 맡겨두자.'

제6장 _ 법률에 관하여

사회계약으로 우리는 정체에 실체와 생명을 부여했다. 이제 문제는 입법에 따라 단체에 의지를 부여하고 활동을 북돋는 일이다. 정체를 형성하고 결합하는 첫 단계에서는 단체가 자기 보존을 위해 실행할 것을 아직 규정하지 않기 때문이다.

옳고 사리에 맞는 것은 사물의 본질로서 그러하며 인위적인 약속과는 무관하다. 모든 정의는 신에게서 나오며 오로지 신만이 그 원천이다. 그러나 우리가 지극히 높은 신으로부터 정의를 받을 줄 알고 있다면, 우리에게는 정부도 법률도 필요 없을 것이다.

단순히 이성에서만 나오는 보편적인 정의도 물론 있다. 그러나 이런 정의가 우리 사이에서 인정되려면 상호적이어야 한다. 인간의 차원에서 사리를 따진다면, 이러한 정의의 율법에는 자연의 상벌이 없으므로 인간들 사이에서는 실제로 효력을 발휘하지 못한다.

덧붙여 말하면 선량한 사람은 모든 사람에 대하여 정의의 법을 지킨다. 그러나 누군가 이 선량한 사람에게 법을 지키지 않는 경우, 이와 같은 법은 악한 자에게는 유익하고, 선한 사람에게는 손해를 끼칠 뿐이다. 그러므로 권리를 의무와 결합시키고, 정의를 그 목적에 이르도록 하기 위해서는 약속과 법률이 필요하다.

자연상태에서는 모든 것이 공유물이므로 내가 아무것도 약속하지 않았던 사람들에게 아무런 의무도 지지 않는다. 나는 나에게 필요 없는 것만을 타인의 소유로 인정하면 된다. 그러나 모든 권력이 법에 의해 확정되어 있는 사회에서는 사정이 다르다.

그렇다면 법률은 무엇인가? 이 말에 형이상학적 관념만을 부여하는 것으로 만족하는 한 우리는 공통의 결론은 얻지 못한 채 논쟁만을 되풀이할 것이다. 자연법이 무엇인가를 규명했다고 해서 국가의 법이 무엇인가를 더 잘 이해할 수 있는 것도 아니다.

나는 이미 개별적인 대상을 상대로 하는 일반의지는 존재하지 않는다고 말한 적이 있다. 실제로 이 개별적인 대상은 국내에 있을 수도 있고, 국외에 있을 수도 있다. 만일 그것이 국외에 있다면 당연하게도 국가와 관계가 없는 의지가 국가와의 관계에서 결코 일반적일 수 없다. 반대로 그것이 국내에 있다면 그것은 국가의 일부다.

그렇다면 전체와 부분 사이에는 이 둘을 별개의 존재로 만들고 있는 일정한 대비가 형성된다. 그중 하나는 일부분이고 나머지 하나는 그 일부분을 제외한 전체이다. 그러나 일부분을 제외한 전체는 결코 전체가 될 수 없다. 이와 같은 관계가 존속하는 한 전체는 이미 사라져 버리고, 크기가 다른 두 개의 부분이 존재할 뿐이다. 따라서 한편의 의지는 나머지 한편에 대해서 일반적인 것이 되지 못하며, 그 반대도 성립한다는 결론이 나온다.

한편 국민 전체가 국민 전체를 대상으로 법을 제정할 때 국민은 자기 자신 하나만을 고려할 뿐이다. 이 경우에 대립이 생긴다면 이 대립은 서로 관점을 달리하는 전체 대 전체의 대립일 뿐, 결코 전체가 분할되는 것은 아니다. 이리하여 법이 적용되는 대상도 법을 제정하는 의지와 마찬가지로 전체가 된다. 이와 같은 행위를 나는 법률이라고 부르고 있다.

내가 법률의 대상이 항상 일반적이라고 말할 때 그것은 법률은 국민을 단체로, 행위를 추상적인 것으로 간주할 뿐 결코 한 인간을 개인으로, 한 행동을 개별적인 것으로 고려하지 않는다는 뜻이다. 그래서 법률은 특권을 설정할 수는 있어도 특권을 특정인에게 지명하여 부여하지는 못한다.

법률은 시민의 신분을 여러 계급으로 만들 수 있고 그 계급들에 속할 수 있는 정당한 자격까지도 규정할 수 있지만, 특정인을 지명하여 특정 계급에 속하도록 할 수는 없다. 법률은 왕정을 설립하고, 왕위 세습제도를 확정할 수 있어도 법률이 왕이나 왕가를 지명하고 선출할 수 없다. 한마디로 말해서 개인적 대상에 관한 기능의 어느 것도 입법권에 속하지 않는다.

이와 같은 사고를 이해하면 법률을 제정하는 일이 누구의 권한인가를 묻는 일은 이제는 없을 것이다. 왜냐하면 법률은 일반의지의 행사이기 때문이다. 군주가 법률 위에 있느냐고 묻는다면, 군주는 국가의 한 구성원일 뿐이라고 답할 것이다.

법률도 불공정할 수 있냐고 묻는다면 자기 자신에 대하여 불공정할 사람은 아무도 없다고 답할 것이다. 우리가 자유로우면서도 어떻게 법률에 복종할 수 있냐고 묻는다면 그 질문은 어리석은 질문이다. 왜냐하면 법률은 우리 자신의 의지를 기록해 놓은 것일 뿐이기 때문이다.

법률은 의지의 보편성과 대상의 보편성을 결합한 것이므로, 어떤 개인이 독단적으로 내리는 명령은 결코 법률이 될 수 없다는 사실을 우리는 알고 있다. 주권자의 명령이라 하더라도 그 명령이 개별적 대상을 상대로 한 것이라면 그 명령 역시 법률이 아니라 행정 명령이며, 주권자의 행위가 못되고 행정기관의 행위가 된다.

그래서 나는 어떤 정부 형태를 가지고 있더라도 국가가 법률에 의해 통치되면 그런 국가는 모두 공화국이라고 부른다. 왜냐하면 이때에만 공중의 이익이 우위에 있고, '공중의 것'(공화국의 어원)이 중요한 것이 되기 때문이다. 합법적인 정부는 어느 것이나 공화제라고 할 수 있다.[18] 정부가 무엇인가에 대한 설명은 다음에 할 것이다.

법률은 정확하게 말한다면 사회적 결합의 계약 조항일 뿐이다. 그러므로 법률에 복종하고 있는 국민이 법률의 제정자가 되어야 한다. 왜냐하면 모임 안에 직접 모여 살고 있는 자들만이 그 모임의 조건을 결정하는 권리를 가질 수 있기 때문이다.

그러면 그들은 조건을 어떻게 규정할까? 공동의 합의에 의할 것인가? 즉흥적인 영감에 의할 것인가? 정치단체는 자신의 의지를 표명하기 위한 기관을 가지고 있는가? 누가 사전에 단체의 법령을 제정하며, 그 법령을 공포하는 데 필요한 선견지명을 줄 것인가? 달리 말해서 정치단체는 어떻게 해서 필요한 순간에

---

18) 공화제라는 말로 내가 의미하려고 하는 것은 귀족정치나 민주정치만을 뜻하는 것이 아니라, 일반적으로 일반의지에 의해서 인도되고 있는 모든 정부를 가리킨다. 왜냐하면 일반의지는 법률이기 때문이다. 정부가 합법적인 것이 되기 위해서는 정부가 주권자와 혼동되어서는 안되고, 주권자의 대리인이 되어야만 한다. 그렇게만 된다면 군주정치일지라도 공화제가 될 수 있다. 이것에 관해서는 다음 장에서 분명히 설명될 것이다.

법령을 공포할 수 있을까?

무식하고 사리에 어두운 대중들은 무엇이 자기에게 유익한 것인지를 모르기 때문에 자기가 무엇을 바라고 있는지도 모르는 일이 흔히 있다. 이럴 때 어떻게 해서 이 대중이 입법 조직과 같은 중대하고도 어려운 사업을 스스로 집행할 수 있을까? 국민은 스스로 항상 행복하게 되기를 바라고 있지만, 스스로가 자신의 행복이 무엇인지 항상 알고 있는 것은 아니다.

일반의지는 항상 옳은 것이다. 그러나 일반의지를 지도하고 있는 판단은 언제나 현명하지 않다. 그러므로 일반의지에는 사물을 있는 그대로, 때로는 당위적인 형태로 보여 주어야 하고, 자기가 찾고 있는 바른 길을 가리켜 주어야 한다. 또, 개인 의지의 유혹으로부터 일반의지를 안전하게 지켜 주어야 하고, 시간과 공간의 대비에 눈을 뜨게 하여 보이는 이익의 유혹과 지금은 보이지 않지만 먼 훗날에 닥쳐올 재난의 위험을 비교할 수 있도록 국민을 이끌어 주어야 한다.

개인은 선을 알면서도 선을 행하지 않는다. 공중은 선을 찾지만 선을 알아보지 못한다. 양편을 모두 지도할 필요가 있다. 전자의 경우에는 그들의 의지가 이성에 부합되도록 강요해야 하고, 후자의 경우에는 그들이 원하는 것이 무엇인가를 가르쳐 주어야 한다.

그렇게 되면 공중은 각성하여 사회단체 속에서 자신의 배움과 의지를 결합시킬 수 있을 것이다. 따라서 각 부분 간의 정확한 협력이 이루어진다. 결국 전체는 자신의 최대의 역량을 발휘하게 될 것이다. 이러한 이유 때문에 입법자의 존재가 반드시 요구된다.

제7장 _ 입법자

국민에게 가장 적합한 사회 규칙들을 발견하기 위해서는 인간의 온갖 열정을 실제로 느껴 보지 않고도 모두 다 알고, 인간의 본성에 따라서 조금도 움직이지 않으면서도 그 본성을 꿰뚫어 알며, 또한 자신의 행복은 우리의 행복과 관계없지만 우리의 행복을 보살펴 주려 하고, 먼 훗날의 영광을 위해 때가 되기를 기다리며, 이 시대에서 노력하여 다음 시대에서 그 열매를 수확하는 것에 만족할 수 있는 탁월한 지성인[19]이 필요할 것이다. 더하여 우리에게 법을 제정해 주기 위해 신이 필요하다.

플라톤은 『정치론』에서 왕과 시민이 의미하는 것을 정의하기 위해 칼리굴라가 사실에 대하여 행한 것과 같은 논리를 권리문제에 적용하여 사용하고 있다. 위대한 군주가 좀처럼 나오지 않는 것이 사실이라면 군주는 입법자가 규정한 모형을 따라야만 한다.

위대한 입법자는 얼마나 드물게 나타나는 것일까? 입법자는 기계를 발명하는 기사다. 군주는 이 기계를 조립하여 가동하는 기계공일 뿐이다. 몽테스키외는 "정치적 사회가 발생할 때는 공화국의 통치자들이 제도를 만들어 내지만, 이후부터는 제도가 통치자를 만들어 낸다."고 말하고 있다.

어느 국민에게 제도를 만들어 주려고 하는 사람이라면, 그는 자신이 지금 인간의 본성을 개조하는 처지에 있음을 실감해야 한다. 그 자체만으로도 하나의 완전하고도 고립된 전체이기도 한 각 개인을 그가 책임지고 더더욱 큰 전체 속에 편입하여, 전체에서 개

---

19) 칼뱅을 단순한 신학자로 알고 있다면 그것은 그의 재능의 일부만을 알고 있는 것이다. 그가 중요한 역할을 맡았던 법령집의 편찬은 그의 종교적 강요의 편찬 못지 않은 명예를 안겨주고 있다. 앞으로 우리의 종교에 어떠한 변혁이 일어난다 하더라도 우리들 사이에 애국심과 자유에 대한 사랑이 사라지지 않는 한 이 위인은 우리의 추억 속에서 영원히 축복 받을 것이다.

인이 어떤 형식으로든 자신의 생명과 존재 양식을 부여받도록 해야 한다. 그러려면 인간의 체질을 변화시켜 강화하고, 우리가 자연으로부터 받은 독립적이고 육체적인 존재를 부분적이고 정신적인 존재로 바꾸어 놓아야 한다.

한마디로 말하면 인간들 각자가 본래 가졌던 힘은 제거되어야 하고 타고난 자신의 것이 아니라 타인의 도움 없이는 사용할 수 없는 힘을 부여받아야 한다. 본래의 힘이 점차로 죽어 없어짐에 따라, 새로 획득한 힘은 더욱 강대해지고 더욱 오래 지속된다.

따라서 그 힘은 제도보다 더 확고하고 완전한 것으로 되어 간다. 이리하여 시민 하나하나는 다른 모든 시민의 도움 없이는 아무런 가치와 능력이 없게 되며, 전체의 새로운 힘이 본래의 힘의 총화와 같아지거나 그 이상이 되면 입법은 도달할 수 있는 최고의 완벽지점에 이르렀다고 말할 수 있다.

입법자는 어느 점으로 보나 심상치 않은 인물이다. 재주와 기질이 그러하고, 그의 직무도 재주와 기질 못지않게 특별하다. 이 직무는 국가 조직의 어느 직무와도 다르다. 왜냐하면 국가를 조직하는 일이 직무

루소, 레 샤르메트에서 독학함

루소는 레 샤르메트에서 대부분의 시간을 보냈다. 이 시간은 그에게 훌륭한 생각과 철학자를 읽는 방법을 터득하게 했고, 그는 라틴어로 역사와 철학 등을 했고, 천문학과 지리학, 음악으로 노트를 채웠고, 기하학에도 관심을 가졌다. 루소는 "철학적 기반이 되는 훌륭한 생각과 도덕적이며 과학적인 원리가 여기서 시작됐다."라고 했다.

이기 때문이다. 그 직무는 인간의 세계와는 공통되는 것이 전혀 없는 특별하고도 탁월한 역할이다.

왜냐하면 사람을 지배하는 자라고 여겨지는 이들도 사람을 지배해서는 안 되기 때문이다. 그렇지 않다면 법률은 입법자의 개인적 욕망의 노예가 되어 그의 부정을 대대로 영속시키는 결과만을 초래할 뿐이고, 그의 개인적 의도가 그가 만든 법률의 신성을 손상시킬 것이기 때문이다.

리쿠르구스가 자기 조국을 위해 법률을 제정할 때, 그가 제일 먼저 한 일은 왕위를 포기한 것이다. 그리스의 도시들 대부분은 법률의 제정을 외국인에게 의뢰하는 것이 관례였다.[20)]

근대 이탈리아의 여러 공화국도 이 관례를 답습한 적이 많았다. 제네바 공화국도 이 관례를 받아들여 좋은 성과를 얻었다고 한다. 로마는 그 전성기에 동일한 인물이 입법권과 주권을 함께 행사하도록 허락하였기 때문에 폭정하에서 볼 수 있었던 온갖 죄악상이 자신들 속에 되살아나는 것을 보았고, 종래는 국가가 멸망의 위기에 처했음을 깨달았다.

그러나 십인위원[21)]들은 결코 자신의 권위만으로 법률을 만들기 위해 권리를 남용한 적이 없다. 이 십인관은 "우리가 여러분에게 제안하는 어떤 것도 여러분

---

20) 어떤 국민이 유명하게 되는 것은 그 입법제도가 퇴폐하기 시작할 때이다. 리쿠르구스의 제도가 나머지 그리스 지방에 알려지기까지 스파르타인들이 얼마나 오랫동안 이 제도에서 행복하게 살았는지 사람들이 모르고 있다.

21) 십인관 : 12동판법을 만들기 위해 로마에 설치된 열 명의 행정관.

의 동의 없이는 법률로서 통과될 수 없습니다. 로마인 여러분, 여러분 스스로 입법자가 되어 여러분을 행복하게 만들어 줄 법률을 만들어 주십시오."라고 인민들에게 말했다.

그러므로 법률을 기초하는 사람은 결코 입법권을 갖지 못하며, 가져서도 안 된다. 국민 스스로가 그렇게 하고 싶더라도 이 양도 불가능한 권리는 내어줄 수 없는 것이다. 왜냐하면 기본 계약에 따르면 개인을 강요할 수 있는 것으로는 일반의지가 있을 뿐이며, 개인의 의지가 일반의지와 부합되느냐의 여부는 국민의 자유투표를 거친 후에만 판별될 수 있기 때문이다. 이 절은 앞에서도 지적했지만 되풀이해도 나쁠 것은 없다.

여기에서 우리는 입법 작업에서 양립할 수 없을 것 같은 두 개의 사실을 동시에 발견하게 된다. 입법은 어려워서 인간의 능력으로는 달성하지 못할 작업이라는 사실과 또 하나는 그 작업을 실행하기 위해서는 하등의 권력도 없는 권위자가 필요하다.

조심해야 할 점이 또 있다. 현자가 속인에게 말하면서 속어를 쓰지 않고 그들 자신의 말을 사용하려고 하면, 그로 인해 일반 대중은 현자의 뜻을 이해하지 못할 것이다. 그런데 대중의 언어로는 표현할 수 없는 사상이 수천 가지나 된다. 너무 일반적인 개념에나 현실과 동떨어진 목적에는 대중의 이해가 미치지 못한다.

각 개인은 자기 눈앞에 보이는 개인적 이익과 일치하는 정책밖에는 이해하지 못하므로 지금 법률이 강요하는, 당장은 힘든 일들이 언젠가는 자기가 되돌려 받아야 하는 보상임을 미리 알아차리기는 어렵다. 따라서 그들은 이것이 좋은 법률인가를 이해하지 못한다.

그래서 국민이 형성되면서부터 정치의 건전한 원칙들을 이해하고, 국시의 기본 규칙들을 따를 수 있도록 하기 위해서는 결과가 원인이 되어야 할 것이다. 사회제도의 소산이어야 하는 사회정신은 그 입법제도의 설립을 관장해야 할 것이다.

인간은 법률이 제정되기 전에 이미 법률에서 규정하는 당위적 인간이 되어 있어야 할 것이다. 이런 이유로 입법자는 힘도 논리도 사용할 수 없는 처지이므로 차원을 달리하는, 즉 폭력을 쓰지 않고도 다스릴 수 있고 애써 설명하지 않고도 다른 사람을 납득시킬 수 있는 권위에 의존할 수밖에 없다.

이러한 사정으로 어느 시대에서나 국가 창설자들은 국민이 자연의 법률을 따르듯 국가의 법률에 순종하도록 만들기 위하여 천국의 도움에 의존해야 했고, 스스로 덕을 행함으로써 신을 영광되게 만들어야 했다. 그래야만 국민은 국가를 창설하는 데 있어서 인간을 창조한 신의 권능을 인정하여 자진해서 복종하며 공공의 복지라는 굴레를 유순하게 견디어 내는 것이다.

입법자는 일반이 결코 이해할 수 없는 숭고한 국가의 존재 이유를 신의 결정으로 돌려서 인간의 지혜로는 움직일 수 없는 사람들을 신의 권위를 빌어 이끌어 간다.[22] 그렇다고 누구나 신의 계시를 받을 수 있

---

22) 마키아벨리는 "사실 어느 나라에서도 신에 의존하지 아니한 위대한 입법자는 하나도 없었다. 왜냐하면 그렇게 하지 않고는 그들의 법률은 인정받을 수 없었기 때문이다. 사실 일반 대중으로서 쉽게 납득할 수 있을 만큼 자명하지 못한 이론이면서도 현명한 사람이라면 이해할 수 있는 엄연한 진리가 세상에는 많이 있다."라고 말했다.(『징세론』, 제1편 11장)

는 것은 아니며, 누구나 신의 대변자로 자처한다고 해서 사람들이 믿어 주는 것도 아니다. 이 경우 입법자의 위대한 정신이야말로 언제든지 그의 사명을 실증해 줄 참다운 기적일 것이다.

반석 위에 글을 새겨 놓는다든지, 돈으로 신의 권위를 매수한다든지, 거짓으로 신통술을 부린다든지, 새를 훈련시켜 귀엣말을 하게 만드는 것 등 다른 해괴한 방법으로 사람들을 속이는 짓들은 누구나 할 수 있다. 이런 행동들이 우연히 어리석은 사람들을 한데 끌어모을 수 있을지는 모르겠지만 결코 하나의 제국을 창건하지는 못할 것이다. 게다가 그가 죽자마자 그의 터무니없는 작품은 자취를 감출 것이다.

부질없는 위세는 일시적인 유대만을 형성할 뿐이며, 영구적인 유대를 만드는 것은 오로지 예지뿐이다. 오늘까지도 존속하고 있는 유대인의 계율이나, 10세기 전부터 세계의 반을 계속 지배해 온 마호멧의 법전들은 아직도 그것들을 작성한 사람들의 위대함을 말해 주고 있다.

오만한 철학이나 맹목적 당파 정신은 이 위대한 사람들을 운 좋은 협잡꾼이라고 생각하고 있지만, 참된 정치가는 그들이 만든 제도 속에서 모든 항구적인 제도에서 볼 수 있는 위대하고 굳센 천재를 발견하고 찬탄해 마지않는다.

그렇다고 해서 워버튼[23]처럼 정치와 종교는 우리 사이에서 공동의 목적을 가진다고 결론지어서는 안 된다. 다만 국가가 생겨날 때 하나가 다른 것의 도구로 쓰인다고 결론지어야 할 것이다.

23) Warburton 1698~1776 : 영국의 신학자이며 왕실 목사.

제8장 _ 국민(Ⅰ)

큰 건물을 짓기 전에 건축가는 지반이 그 건물의 무게를 버티어 낼 수 있는지를 알아보기 위해 토질을 조사하고 시험해 본다. 이처럼 현명한 입법자는 생각할 것도 없이 법안 자체만으로 훌륭한 법률을 작성하지 않고, 그 법률로 다스려질 국민이 그것을 지지하는가를 알아본다.

그러한 이유로 플라톤은 아르카디아인과 키레네인들이 부유하여 평등의 원칙을 감내하지 못할 것을 알고, 이 두 국민에게 법률을 제정해 주는 것을 거부하였다. 또, 크레타는 좋은 법률을 가졌지만 악한 사람들이 여전히 남아 있었다. 왜냐하면 미노스 왕이 이미 악에 젖어 있는 국민에게 규율을 부과한 것에 불과했기 때문이다.

세상에는 훌륭한 법률을 지켜나갈 수 없었을지라도 찬란한 업적을 남긴 국민의 예가 많다. 국가의 모든 역사를 통해 보면 훌륭한 법률을 지키면서 살 수 있었을 국민도 아주 짧은 기간 동안만 법률을 준수하였을 뿐이다.

사람도 유년기에나 온순한 것처럼 국민도 나이가 들면서 점차 완고해진다. 일단 습관이 생기고 머릿속에 편견이 뿌리박게 되면, 그것을 개혁하려는 것은 위태롭고도 부질없는 기도이다. 의사만 보아도 벌벌 떠는 겁쟁이 환자처럼 국민은 누가 질병을 없애기 위해 환부에 손만 대도 참지 못한다.

몇 가지의 질병이 사람의 두뇌를 혼란하게 하여 그로부터 과거의 기억을 앗아가듯이 국가의 역사에서도 어떤 발작증이 개인에게 비슷한 영향을 끼치는데, 바로 혁명이 국민에게 가하는 격동기가 그러하다. 그때 국민은 그에 대한 공포로 기억을 상실한다. 그리고 국가가 내란의 불길에 휩싸였다가 그 불씨가 차차 꺼져갈 때, 국민은 그 잿더미 속에서부터 되살아나 죽음에서 팔을 내밀며 젊음의 활력을 되찾는다.

리쿠르구스 시대의 스파르타와 타르키누스가 이후의 로마, 그리고 우리 시대에 와서는 폭군들을 추방하고 난 뒤의 네덜란드와 스위스가 모두 그러하였다.

그러나 이러한 사례는 흔하지 않다. 이와 같은 일들은 예외적인 사례이다. 예외일 수 있었던 이유는 항상 그 국가의 특수한 구조에서 찾을 수 있다. 이러한 사례는 한 국민에게 두 번 다시 일어날 수 없다. 왜냐하면 국민은 그들이 야만인일 동안에는 자기 자신을 자유롭게 만들 수 있지만, 이미 사회적 활력이 소모되어 버린 후에는 그렇게 할 수 없기 때문이다.

그때 발생하는 소요는 국민을 파괴할 수 있다. 그 파괴는 혁명으로도 복구될 수 없다. 국민을 얽어매고 있던 사슬이 일단 끊어지면 국민은 산산이 흩어져 더 이상 형체를 찾아볼 수 없게 된다. 그 이후 국민에게 필요한 것은 통치자이지 해방자가 아니다.

자유민들이여! 이 격언을 상기하라.

"자유는 획득할 수 있는 것이지, 결코 회복할 수 있는 것이 아니다."

인간으로서 개인에게 성숙기가 있는 것과 같이 국가의 국민에게도 성숙기가 있는 만큼, 반드시 이 시기가 오기를 기다려 국민이 법률을 따르게 해야 한다. 그러나 국민의 성숙기가 언제인가를 알아보기란 쉽지 않다. 그 시기가 오기 전에 성급히 행동하면 일은 엉망이 된다. 어떤 국민은 태어나면서부터 규율을 지킬 수 있지만, 어떤 국민은 10세기가 지나도 그렇지 못하다.

러시아인은 이제 정치적으로 참다운 개화를 맞이하기는 틀린 것 같다. 그 이유는 그들이 지나치게 빨리 개화되었기 때문이다. 피터 대제[24)]는 모방의 천재였다. 그러나 그는 진정한 천재, 즉 무에서 모든 것을 창조하고 만들어 내는 천재는 아니었다. 그가 이룩한 일 중 몇 가지는 훌륭한 것도 있으나, 나머지 대부분은 제대로 된 것이 아니었다. 그는 자기 국민이 야만의 상태에 있다는 것은 알았지만, 개화될 만큼 성숙하지 못했다는 사실은 전혀 깨닫지 못했다.

그래서 그는 러시아 국민이 아직도 훈련을 받고 있어야 할 시기에 이미 그들의 개명화를 꾀하였다. 그는 그들을 러시아인으로 만드는 일에 착수해야 할 시

---

24) Peter 大帝 1672~1725 : 러시아 로마노프 왕조의 황제.

기에 독일인이나 영국인으로 만들려고 했다. 그는 러시아인이 스스로 있는 그대로가 아닌 다른 존재라고 착각하도록 사주함으로써, 그렇지 않았다면 언젠가는 훌륭하게 될 수도 있었을 신하와 백성들의 장래를 막아 버렸다.

프랑스의 교사들이 어릴 때는 한동안 똑똑했다가 그 후로는 아무짝에도 쓸모없는 인간이 되도록 학생들을 교육하고 있는 것도 그와 같은 사례이다. 러시아 제국은 유럽을 정복하려 하겠지만, 도리어 자신이 정복당하고 말 것이다.

언젠가는 타타르인이 그의 종속국에 대해 종주권을 갖는 국가나 이웃과 사이좋게 지내는 나라인 러시아의 국민과 우리를 지배할 날이 올 것이다. 이 혁명이 내게 불가피한 것으로 보이는 이유는 유럽의 모든 국왕이 이 혁명을 촉진하는 일에 협조하고 있기 때문이다.

제9장 _ 국민(Ⅱ)

자연이 거인이나 난쟁이를 제외하고 잘생긴 사람만을 제한하듯이 국가의 가장 좋은 구조에는 국가가 가질 수 있는 크기의 한계가 있다. 국토의 면적이 너무 크면 제대로 통치될 수 없고, 너무 작으면 스스로를 유지할 수 없다.

모든 정체에는 지나쳐서는 안 되는 힘의 최대한도가 있다. 같은 맥락상에서, 국가가 커지다 보면 오히려 그 힘이 약해지는 경우가 흔히 있다. 국가의 범위가 확대되면 확대될수록 사회적 유대도 더욱 약화되며, 따라서 일반적으로 소국은 대국보다 국토가 작은 만큼 더 강하다고 할 수 있다.

이 사실에 대한 수많은 증거가 있다. 첫째로 거리가

멀면 멀수록 행정관리가 힘들어지는 것은 마치 지렛대가 길면 길수록 그 끝에 매달린 무게가 가중되는 것과 같다. 게다가 행정 단계가 늘어남에 따라 자연히 그 비용도 늘어난다.

왜냐하면 우선 도시마다 국민이 비용을 대고 있는 자신의 행정기구를 가지고 있으며, 군은 군대로 역시 국민이 지출하는 돈으로 유지되는 행정기구를 가지고 있다. 그 위에도 각 도, 주, 태수령, 총독령 등이 있고 위로 올라갈수록 거기에 드는 비용은 더욱 비싸지는데, 그 비용은 모두 국민이 지불한다. 끝으로 최고 행정기구인 정부가 있어 그 모든 기구를 압박하고 있다.

이처럼 과중한 지출 부담으로 백성들은 계속 허덕일 뿐이다. 백성들은 여러 단계의 행정조직에 의하여 더 잘 통치받기는커녕, 그들 위에 오직 한 단계의 행정기구만이 있는 경우보다도 더 잘 통치받지 못하고 있는 셈이다. 그런가 하면 비상시에 대처할 예비비는 거의 바닥이 나 있을 테니, 이 자금을 사용해야 할 때가 오면 국가는 파멸 직전에 놓이게 될 것이다.

그것뿐만이 아니다. 정부는 국민으로 하여금 법률

을 준수하도록 하고, 그들의 비행을 금하고, 악습을 교정하고, 멀리 떨어져 있는 변방에서 꾸며질 수도 있는 반란 음모를 방지하는 일 등에 있어서 힘과 신속성을 잃어 간다.

그에 따라 얼굴도 보지 못한 통치자들과 국민의 눈에는 마치 다른 세계인 것처럼 보이는 조국, 그리고 국민이 보기에 대부분이 외국인인 것 같은 동포들에 대한 국민의 애정은 점점 줄어든다. 당연하게도 각양각색의 지방민들에게 동일한 법률이 적합할 수가 없다. 그들은 서로 다른 풍토와 풍속을 가지고 있으므로 획일적인 형태의 정부를 견디어 내는 데 어려움을 겪는다.

그렇다고 국가가 국민에게 각기 다른 법률을 적용한다면 동일한 통치자 밑에서 살면서 서로 관계를 맺고 왕래를 하는 사람들 사이에 오해와 혼란을 일으킨다. 어떤 사람들은 서로 어울려 서로 다른 집안끼리 혼인하여 새로운 관습을 따르게 될지도 모른다. 그러나 그들 사이에 다른 법률이 적용되면 가문의 유산이 누구의 것인지를 전혀 분간하지 못하게 된다.

서로 모르는 많은 사람이 최고 행정부가 위치한 한

『에밀』에 대한 첫 번째 아이디어

루소는 리옹에서의 삶을 그의 교육과 장래의 일을 위해 중단했다. 그의 교육 원리가 아이들에게 어떻게 적용될 수 있는가를 쓴 보고서가 1762년 『에밀』 또는 「교육에 관한 논문」에 기여했다. 자연과 자연의 미덕은 이 논문에서 중요한 요소가 된다.

곳으로만 몰려들 때, 재능은 파묻혀 보이지 않고, 덕행은 아무도 모른 채 사그라들 것이고, 악덕은 묵인되어 버릴 것이다.

사람들이 너무 많아서 정무에 시달리는 지도자들은 아무것도 제 눈으로 확인하지 못하고 결국 말단 행정직원들이 국가를 다스리게 된다. 끝으로 멀리 떨어져 있는 지방의 관리들은 중앙정부의 눈을 피하거나 그들을 기만하려 할 것이다.

중앙정부의 권위를 유지하기 위해 기본적으로 취해져야 할 조치들이 국가 업무의 대부분을 차지하게 되기 때문에 정부가 국민의 행복을 위해 줄 수 있는 것은 아무것도 남아 있지 않을 것이다. 유사시에 국가를 방어할 대책도 없을 것이다.

이처럼 국가조직의 규모가 지나치게 클 때 국가는 자신의 무게에 짓눌려 제풀에 쇠약해져 없어지고 만다.

한편 국가가 어느 정도의 안정을 얻고 한 번은 겪기 마련인 소요(騷擾)를 이겨내고 자체 보존을 위해 진력할 수 있으려면, 국가는 일정한 기반을 가지고 있어야 한다. 왜냐하면 모든 국민은 일종의 원심력을 가지고 있어서 그 힘을 통해 끊임없이 상호작용을 하기 때문이다. 이웃을 희생시켜서라도 자기 자신을 키워 가려는 이 경향은 데카르트가 주장한 와동설과도 그 원리가 같다.

그러므로 약자는 자칫하면 이내 희생되어 버릴 위험이 있다. 따라서 어떤 국민이라도 자신의 생명을 유지하기 위해 자신을 다른 모든 것들과 균형 잡힌 상태로 유지하여 사방의 압력을 거의 같게 만들 수밖에 없을 것이다.

이 사실은 국가를 확대하거나 축소할 타당한 이유가 있다는 것을 우리에게 알려 준다. 그런데 이 크고 작은 무수한 비율 가운데서 국가의 보존에 가장 유리한 것을 찾아내는 일은 하찮은 정치가의 수완으로는 이루어지지 않는다.

일반적으로 말해서 확대의 이유는 단순히 대외적이고 상대적이기 때문에 정부는 대내적이고 절대적인 축소의 이유에 집중해야 한다. 제일 먼저 우리가 추구해야 할 것은 건전하고 강력한 국가 조직이므로, 우리는 광활한 국토가 줄 수 있는 자원에 기대하기보다는 오히려 좋은 정부에서 생겨나는 활력에 더 기대해야 한다.

덧붙인다면 어떤 사람들은 정복의 필요성이 국가 구성 자체에 내포되어 있어서 국가를 보존하기 위해서는 계속 영토를 확장하지 않을 수 없다는 것을 알고 있다. 그들은 아마도 필요의 달성을 기쁘게만 생각하겠지만, 확장의 극한에 이르렀을 때는 그 필요성 자체가 그들이 몰락을 피할 수 없는 시기가 왔음을 보여 주기도 한다.

제10장 _ 국민(Ⅲ)

국가의 영토 넓이와 국민의 수호 정체를 측정하는 데는 두 가지 방법이 있다. 국가가 자신에게 가장 알맞은 크기를 성취하려면 이 두 가지 측정 방법 사이에는 일정한 균형이 있어야 한다.

국가를 만드는 것은 사람이고, 사람을 먹여 살리는 것은 영토이다. 그러므로 이 일정한 균형이란 토지가 주민을 부양하기에 충분하되 토지가 부양할 수 있는 만큼의 주민이 있어야 함을 말한다.

주어진 수만큼의 국민이 가질 수 있는 '최대의 힘'은 이 균형 속에서 구해진다. 토지가 지나치게 넓으면 그것을 지키기가 힘들 것이고, 경작이 미흡해질 것이며, 과잉생산이 초래된다. 이러한 이유로 인해 결국에는 얼마 지나지 않아 방어 전쟁의 도발이 불가피할 것이다.

반대로 토지가 지나치게 협소하면 국가는 부족한 생산량을 보충하기 위해서 이웃 국가들에 의존하게 되고, 그 때문에 머지않아 공격 전쟁의 발발이 불가피할 것이다.

교역과 전쟁 중 하나를 택할 수밖에 없는 형편에 처한 국민은 그 자체로 모두 허약하다. 그 국민의 생사는 이웃 국민의 태도와 정세 변화에 좌우되므로 그들의 생존은 위험하고 불안정할 수밖에 없다. 이 국민은 다른 국민을 정복하여 상황을 바꾸든지 정복을 당해 없어져 버리게 된다. 요컨대 그러한 국민은 아주 작아진 상태나 아주 강대해진 상태에서만 자유롭게 존립할 수 있을 것이다.

서로를 충족시키는 영토면적과 인구수의 일정한 균형을 숫자로 표시할 수는 없다. 왜냐하면 토질, 비옥한 정도, 산물의 성질, 기후의 영향에 차이가 있기 때문이고, 그 토지에 살고 있는 주민의 기질에도 차이가 있기 때문이다.

주민들 가운데 어떤 사람은 비옥한 지방에 살면서도 적게 소비하고, 어떤 사람들은 메마른 지방에 있으면서도 많은 소비를 한다. 출산능력의 높고 낮음과 같은 그 나라의 인구 증가에 적합한 여건의 조절을 목적으로 입법자가 설정하는 제도의 영향력이 모두 고려되어야 한다.

그러므로 입법자는 판단을 내릴 때 눈앞에 보이는 형편이 아니라 예측될 수 있는 상황에 치중해야 하며, 인구 증감의 현황보다는 그 추세가 도달하게 될 자연적인 결과에 집중해야 할 것이다.

끝으로, 어떤 특별한 상태 때문에 본래 필요한 것보다 더 많은 토지가 요구되거나 허용되는 경우가 많다. 예를 들면 산악지방에서의 경작은 그 형태-삼림과 목초지-덕에 힘이 적게 들어가고, 평원보다 출산율이 높다는 것을 경험이 말해 주고 있다. 또, 가파른 언덕에서는 채소만을 얻을 수 있을 정도의 평지가 있을 뿐이어서 사람들은 널리 퍼져 살게 된다.

반대로 해안지대에서는 그 영토가 좁아도 될 것이다. 그곳은 경작이 불가능한 바위나 모래밭이 대부분이지만, 부족한 토지 생산물의 몫을 어업이 상당량

충당하여 줄 수 있다. 또 해적을 퇴치하려면 주민들이 밀집해서 살지 않을 수 없으며, 게다가 과잉인구를 식민지로 이주시켜 적당한 인구를 유지하기가 비교적 용이하다.

국민에게 법을 제정해 주는 데는 그 외에도 또 하나의 조건이 덧붙여져야 할 것이다. 그것은 다른 조건을 대신할 수는 없겠으나, 결여되는 경우에는 다른 조건은 소용없게 되고 마는 기본조건으로 바로 국민이 풍요와 평화를 누려야 한다는 것이다. 왜냐하면 국가가 형성되는 시기는 군부대가 편성될 때와 마찬가지로 정치단체의 저항력이 가장 약하고 가장 파괴되기 쉬운 순간이기 때문이다.

각자 자신의 지위를 구하는 일에만 전념해 있고, 위험에 대처하는 데는 전혀 관심을 두지 않는 불안정한 시기보다는 오히려 완전히 무질서한 상태에서 더 나은 저항이 가능할 수 있을 것이다. 이런 위기에 처해서 전쟁이나 양식이 없어 굶주림이나 폭동이 일어난다면 국가는 불가불 전복되고 말 것이다.

그렇다고 해서 이러한 동란(動亂)의 시기에 수립된 정부가 많지 않다는 뜻은 아니다. 이런 경우에 국가를 파괴하고 있는 것은 정부 자체이다. 찬탈자들은 항상 이러한 혼란기를 직접 조성하거나, 그렇지 않다면 이를 틈타 대중의 공포심을 이용한다. 그리하여 국민이 냉정한 상태에서는 결코 채택하지 않을 파괴적인 법률을 통과시킨다. 그러므로 제정된 법률이 입법자의 소행이냐, 폭군의 소행이냐를 식별하고자 한다면 그 입법이 행하여진 시기를 살피는 것이 가장 확실한 기준 중의 하나이다.

그렇다면 어떤 국민이 입법의 대상으로 적합한가? 그것은 근본이나 이해관계, 혹은 인습의 일치가 인연이 되어 그것들과 결합해서 살면서 아직은 법률의 참된 속박을 맛보지 못한 국민, 관습이나 미신에 깊이 빠지지 않은 국민, 불의의 침입을 당해도 짓밟히기를 두려워하지 않는 국민, 이웃끼리의 분쟁에 개입하지는 않지만 필요하다면 그중 누구와도 단독으로 대결할 수 있거나 그중 하나를 격퇴하기 위해 나머지 다른 하나의 도움을 받을 수 있는 국민, 단체의 성원이라면 나머지 모든 성원이 다 알고 있으며 한 사람이 질 수 있는 무게를 초과하는 과중한 부담을 아무에게도 지울 필요가 없는 국민, 다른 국민의 도움을 받지 않으며 그들을 돕지 않고도 지낼 수 있는 국민,[25] 부유하지도 가난하지도 않으며 스스로 만족할 수 있는 국민, 끝으로 옛 국민의 견실성과 새 국민의 온순함을 함께 지닌 국민이다.

입법 작업에서는 새롭게 건설해야 하는 일보다는 파괴하는 일이 더욱 어렵다. 이 일에서 성공을 거두는 예는 드물다. 왜냐하면 자연의 단순성과 사회의 요구를 결합시키기가 매우 힘들기 때문이다. 실상 이러한 모든 조건이 다 충족되기는 무척 어렵다. 따라서 입법이 훌륭하게 된 국가도 매우 드물다.

유럽에는 아직도 입법이 가능한 나라가 하나 있다.

---

25) 만일 서로 인접해 있는 두 국민 중 한쪽이 다른 편의 도움 없이는 지낼 수가 없다고 하면, 이것은 도움을 주는 측에게는 매우 곤란한 일이고 도움을 받는 측에게는 매우 위험한 일이다. 현명한 국민이라면 이런 경우에 자기 나라에 의존해서 사는 나라를 이내 해방하여 독립시킬 것이다. 멕시코 제국에 둘러 싸여 있었던 틀라스칼라 공화국은 멕시코인들로부터 소금을 사먹거나 무상으로 얻어 쓰기보다는 차라리 소금 없이 지내기를 원했었다. 틀라스칼라인은 현명해서 멕시코인들의 그러한 관대한 태도 뒤에 숨어 있는 계략을 간파할 수 있었던 것이다. 그들은 이렇게 해서 그들의 자유를 수호했던 것이며 커다란 제국에 둘러싸여 있었지만, 마침내는 이 제국이 멸망하게 된 원인이 되었던 것이다.

그 나라는 코르시카라는 섬나라이다. 그 용감한 국민이 자유를 되찾고 수호하기 위해 발휘한 용기와 불굴의 정신은 어느 현자에게서도 자유를 보존하는 법을 가르쳐서 배울 만한 자격을 주고 있다고 말해도 좋을 것이다. 나는 언제고 이 작은 섬나라가 유럽을 놀라게 할 날이 오리라고 예상한다.

제11장 _ 법의 여러 가지 체계

모든 입법체계의 목적인 만인의 최대 행복이 구체적으로 어디에 있는가를 찾아보면, 우리는 그것이 '자유'와 '평등'이라는 두 개의 중요한 대상으로 귀착된다는 사실을 발견하게 될 것이다.

자유가 그 목표가 되는 이유는 모든 개인적 예속이 국가라는 정치단체의 힘을 약화시키기 때문이다. 그리고 평등이 그 목표가 되는 이유는 평등 없이는 자유가 있을 수 없기 때문이다.

나는 이미 사회적 자유가 무엇인가를 말한 적이 있다. 평등에 관하여 말하자면, 이 말을 권력과 부의 정도가 모든 사람에게 절대적으로 균등해야 한다는 말로 이해해서는 안 된다. 권력으로 말하자면 그것이 폭력이 되어 버릴 만큼 강대해서는 안 되고, 오로지 지위와 법률에 의해서만 행사되어야 하는 것으로 이해되어야 한다.

부로 말하자면 그 부유한 정도가 아무리 높다 하더라도 그것으로 다른 시민을 매수할 수 없다. 또 제아무리 가난한 시민이라도 자기 자신을 팔 수는 없다. 그것은 강자의 편에는 부와 권세와 절제가, 또 약자의 편에는 인색과 탐욕의 절제가 전제되고 있기 때문이다.[26)]

그런 평등은 탁상공론이며 실제로는 존재할 수가 없다고 말하는 이들도 있다. 그러나 평등의 악용이 불가피하다고 해서 우리가 그것을 규제하지 말아야 하는가? 환경의 추이가 항상 평등을 파괴하는 경향이 있기 때문에, 입법은 항상 평등을 유지하는 쪽을 지향해야 한다.

---

26) 국가가 안정을 가지려면 두 극단이 될 수 있는 한 서로 접근하도록 해야 할 것이다. 부자도 거지도 없도록 해야 한다. 서로 분리할 수 없는 이 두 신분은 둘 다 공공의 복리에는 매우 위험하다. 한편으로는 폭정 방조자가 생길 것이며, 다른 한편으로는 폭군이 나올 것이다. 공공적 자유의 매매는 이 양자 간에 행해진다. 빈자는 그것을 팔고 부자는 산다.

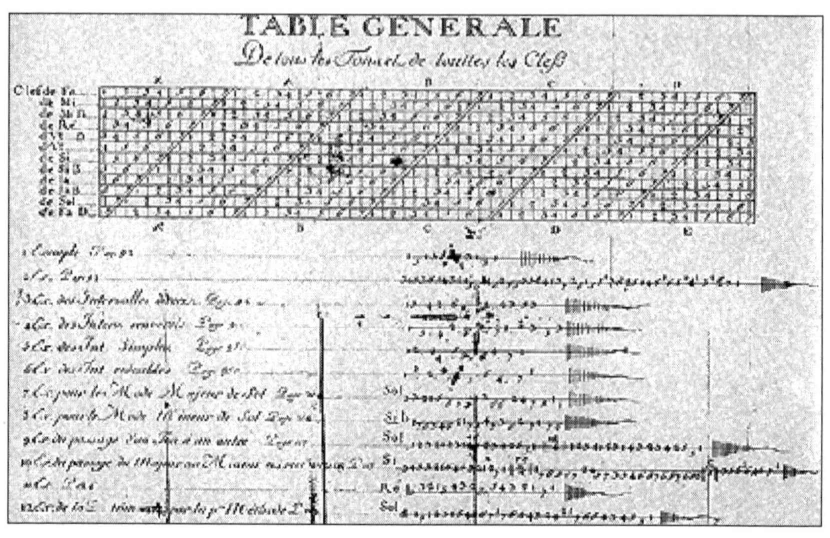

악보의 신 기호안

악보의 신 기호안은 1742년 9월 위원회에 의해 만들어지는 보고서의 주제였다. 루소는 이 일에 경의를 표하고 「악보의 신 기호안」을 과학아카데미에 제출해 이듬해 『현대 음악론』으로 출판했다.

그러나 모든 훌륭한 제도의 일반적인 목표는 각 국가의 지역적인 여건과 주민들의 기질에 따라 수정되어야 할 것이다. 법률은 그 자체가 훌륭해야 하는 것보다는, 법률이 제정되는 그 국가에 있어 가장 훌륭해야 한다. 그러므로 이러한 여러 가지 관계를 반드시 고려하여 구체적으로 국민에게 가장 알맞은 제도의 체계를 설정해 주어야 할 것이다.

예를 들면 토양이 메말라 수확이 적거나 면적에 비

해 주민의 수가 지나치게 많을 때, 국민을 공업과 수공업 방면에 눈을 돌리게 하여 생산물이 토지에서 부족한 물품과 교환될 수 있게 해야 한다.

이와는 반대로 국민이 기름진 평원과 풍요한 야산지대의 경우, 즉 좋은 토지를 가지고 있지만 주민의 수가 적다면 모든 주민이 인구를 배가케 하는 농업에만 유의하게 하고 거기에 살 수 있는 주민들을 여러 군데에 조금씩 집단으로 거주하게 하며, 주민의 감소를 가져오는 공업을 배척하도록 해야 할 것이다.[27]

국민이 환히 트이고 편리한 해안지대를 점유하고 있다면 선박으로 바다를 뒤덮게 하여 상업과 항해술을 개발하게 해야 할 것이다. 그러면 그 국민은 번영된 생활을 할 수 있을 것이다.

해안지대가 접근할 수 없는 바위로만 되어 있다면 국민이 야만적인 어류 위주의 식생활을 즐기게 해야

27) 다르장송 후작은 "대외무역의 어느 부문은 대체로 어떤 왕국 전체에 패해서 표면적인 편의 밖에는 주지 않는다. 그것은 몇몇 개인이나 크게 보아서 몇몇 도회지를 부유하게 만들 수 있을지 모르나, 전체로서 국민은 그런 상업에 의해서 전혀 이익을 얻지 못한다. 그러므로 그것 때문에 국민의 생활이 나아질 수는 없다."라고 말했다.

한다. 그것이 그 국민이 더욱 평화롭게, 아마도 더 좋게, 그리고 확실히 더욱 행복한 생활을 영위하게 하여 주는 길일 것이다.

요컨대 각 국민은 모든 국민에게 공통되는 원칙을 제외한 모든 원칙을 자기 나름으로 설정해 따르므로 입법은 구체적으로 자기 자신에게 적합하도록 설정되어야 한다. 그래서 일찍이 유대인들이, 최근에는 아랍인들이 종교를 주된 목표로 삼았으며, 아테네인들은 문학을, 카르타고와 티르인들은 상업을, 로데스인들은 항해술을, 스파르타인들은 전쟁을, 그리고 로마인들은 덕을 각기 주요한 목표로 삼았다.

『법의 정신』의 저자는 여러 예를 들어 입법자가 어떠한 기술을 가지고 다양한 입법의 목표 중에서 제 목표를 찾아가도록 인도하고 있는가를 설명한 적이 있다.

국가의 구조를 진실로 확고하게 유지하기 위해서는 마땅히 지켜야 할 모든 것을 준수하여, 자연적으로 생겨난 여러 관계가 모든 점에서 법률과 일치되게 해야 한다. 다시 말하자면 법률이 자연적 관계를 보장하고, 그것과 병진하고, 나아가서는 그것을 교정하는 단계에까지 이르게 되는 것이다.

그러나 입법자가 목표를 잘못 잡아 자연의 여러 관계에서 나오는 원칙들과 다른 원칙을 채택하게 되면, 예를 들어 자연의 형세는 자유를 지향하는데 입법자는 예속을 지향하는 원칙을 채택하거나, 하나가 인구 증가를 지향하는데 다른 하나는 평화를 지향한다면, 법률은 저도 모르는 사이에 힘을 잃고 그 구조는 변질될 것이다.

그래서 국가는 계속해서 어지러운 상태에 있다가 마침내는 멸망하든지, 그도 아니면 퇴색되어 버려서 결국엔 누구도 이길 수 없는 자연이 그들로부터 자신의 제국을 되찾게 될 것이다.

제12장 _ 법률의 분류

공화체제가 질서를 잘 확립하고 가장 좋은 형태를 확립하기 위해서는 숙고해야 할 여러 가지 관계가 있다. 첫째로 전체에 대한 전체의 관계, 즉 주권 대 국가의 관계가 있다. 이 관계는 다음에서 설명하는 것과 같은 관계로 구성되는 것이다.

이런 관계를 규정하는 법률을 국법이라 하고, 이는 흔히 기본법이라고도 불린다. 이 법이 현명하게 만들어졌다면 그렇게 불려도 상관없다. 왜냐하면 한 국가에 훌륭한 제도가 하나밖에 없다면 국민은 그들이 발견한 이 좋은 제도를 지켜 나갈 것이기 때문이다.

그러나 이 제도가 나쁘다면 국민이 선량해지는 것을 방해하는 법을 왜 기본적인 법으로 인정해야 하는

가를 생각해 보아야 할 것이다. 한편으로 국민은 어떤 경우라도, 설령 최선의 경우라 할지라도 법률을 바꿀 권리를 가져야 한다. 왜냐하면 국민이 불행을 자초하더라도 그것을 방해할 권리가 누구에게 있단 말인가?

두 번째는 구성원 상호 간의 관계, 혹은 전체로서의 구성원과 정치단체 간의 관계이다. 전자의 경우는 최소의 관계이며 후자의 경우는 최대의 관계이다. 이에 따르면 각 성원은 모든 성원에 대해서는 완전히 독립적인 관계에, 도시에 대해서는 종속적인 관계에 있다고 볼 수 있다. 국가의 힘만이 성원의 자유를 보장하기 때문에 이 관계는 항상 성립된다. 이리하여 두 번째 관계에서 민법이 파생된다.

세 번째 관계로서 우리는 인간과 법의 관계, 즉 위법과 형벌의 관계를 숙고할 수 있다. 이 관계는 형법 구성의 원인이 된다. 이 법은 사실상 하나의 특수한 법률이라고 생각되기보다는 오히려 다른 법률의 준수를 위한 징벌 규정이라고 할 수 있는 법이다.

이들 세 가지 법률 이외에 대리석이나 청동에 새겨지는 것이 아닌 국민의 마음속에 깊이 새겨져 있어야 하는 또 하나의 법률이 있다. 그 법은 국가에 있어 중대한 힘이 되고 날이 갈수록 신장된다. 그리하여 그것은, 오래되어 낡아 무효가 되는 다른 법들을 재생시키거나 그것들을 대체하기도 하며 국민이 그 제도 가운데 남아 있게 하여 권력의 힘을 습관의 힘으로 바꾸어 가기까지 한다.

내가 지금 말한 것은 도덕, 관습, 여론을 일컫는다. 정치가들에게는 잘 알려져 있지 않지만 모든 권력행사의 성공은 여기에 달려 있다. 훌륭한 입법자들은 특수한 법제에만 신경을 쓰고 있는 듯하지만, 실제는 이것에 은밀히 머리를 쓰고 있다.

그 이유는 여러 특수법이 지붕을 지탱하는 아치에 불과한 반면, 도덕은 형성되기까지는 보다 긴 시간이 걸리더라도 결국은 이 아치를 확고히 지탱하는 초석의 역할을 하기 때문이다.

이러한 여러 법률 중에서 나의 주제와 관계가 있는 것은 오직 정부의 형태를 결정하는 국법뿐이다.

Chapter 3

정치생명의 원리는 주권에 있다.

입법권은 국가의 심장이고,

행정권은 다른 모든 부분을 움직이게 하는 두뇌이다.

두뇌가 마비된 후에도 개인은 살아남을 수 있다.

바보가 된 후에도 개인은 살아간다.

그러나 심장이 활동을 멈추면 생명체는 죽어 버린다.

국가가 존속하는 것은 법에 의해서가 아니라 입법권에 의해서다.

제1장 _ 정부 일반에 관하여

이 단원은 신중하게 읽어야 한다는 것을 독자들에게 주지시키고 싶다.

모든 자유행동에는 그것을 일으키는 두 가지의 원인이 있다. 하나는 정신적인 것으로 행위를 결정하는 의지이다. 다른 하나는 육체적인 것으로 행동을 실천으로 옮기는 힘이다.

내가 목표를 향해 걸어갈 때, 첫째로 내가 그쪽으로 가기를 결정해야 하고, 둘째로는 내 발이 나를 그곳으로 옮겨가도록 해야 한다. 만약 중풍환자가 뛰어가기로 결심했거나, 건강한 사람이 움직이지 않기로 결심했다면 결과적으로 이 두 사람은 모두 제자리에 머물러 있게 된다.

정치단체도 마찬가지로 두 가지의 원동력을 가진다. 그래서 우리는 똑같이 의지와 힘을 구별할 수 있다. 의지는 '입법권' 이고, 힘은 '집행권' 이다. 이 두 가지가 서로 협력하지 않으면 정치단체는 아무것도 행할 수 없고, 행해서도 안 된다.

입법권은 국민에 속해 있으며 국민에게만 속할 수밖에 없는 것임을 우리는 이미 알고 있다. 반대로 집행권은 입법자나 주권자로 국민 전체에 속할 수 없는 것임을 우리는 앞에서 정립해 온 원칙[28]에 의해 쉽게 알 수 있다. 집행권은 법률의 관할 밖에 있기 때문에 행위 자체가 법률이 될 수 있는 주권자의 관할 밖에 있는 개인적인 행위에 한해서만 발동된다.

그러므로 공공의 힘은 일반의지가 지시하는 방향에 따라 그 힘을 발효케 하는 적당한 대리인을 필요로 한다. 이 대리인은 국가와 주권자 사이의 중개자가 되어, 마치 인간의 육체와 정신을 결합하는 것 같은 구실을 공공 인격체 내에서 수행한다. 주권자로 오인되기도 하지만, 실은 그 주권자의 대리인에 불과한 정부

28) 제2부 제4장과 제6장.

의 존재가 국가에 필요한 이유는 바로 여기에 있다.

그렇다면 정부는 무엇인가? 정부는 국민과 주권자 간의 상호 연락을 위해 설치되어 법률의 집행, 그리고 시민과 정치의 자유를 유지시키는 소임을 맡는 일종의 중개 단체이다.

이 단체의 구성원은 행정관 또는 '왕' 이라고 불린다. 다시 말해 그것은 '통치자' 라고 불린다. 이 단체를 총칭하여 '군주' 라고 칭한다.[29)]

따라서 국민이 군주에게 복종하는 행위가 결코 계약이 아니라고 하는[30)] 이론가들은 전적으로 옳다. 위임이나 그 행위는 주권자의 단순한 권리로서, 일종의 피고용인인 지배자들은 주권자가 그들의 이름으로 행사하는 위험한 권력을 마음 내키는 대로 제한하고 수정하며 도로 빼앗을 수 있다. 이러한 권리의 양도는 사회단체의 본질에도 부합하지 못하며, 사회 연합체의 목적에도 상반되는 것이다.

---

29) 이 때문에 베니스에서는 대통령이 의회에 출석하지 않더라도 그의 각료들을 '왕후 전하' 라고 부른다.

30) 홉스의 주장.

그러므로 나는 집행권의 합법적으로 행사하는 단체를 '정부' 또는 '최고 행정기관' 이라고 부른다. 그리고 이 행정 책임을 맡는 사람을 군주 혹은 행정관이라고 부른다.

정부는 그 자체 내에 중개 능력을 보유하고 있다. 그 능력은 전체와 전체의 관계, 즉 국가와 주권자의 관계를 중개한다. 주권자와 국가를 각각 등비수열의 첫 항과 마지막 항으로 표현하자면 정부는 등비중항에 해당된다.

정부는 주권자로부터 명령을 받아 그 명령을 국민에게 전달한다. 그러므로 국가가 훌륭한 균형을 유지하려면, 모든 계산의 결과로서 정부의 힘의 합과, 한편으로는 주권자이며 다른 한편으로는 국민인 시민의 힘의 합이 대등해야 한다.[31]

이 세 항 가운데 어느 하나라도 변경시키면 균형은 즉시 깨어지고 만다. 주권자가 통치를 하려고 든다든지, 행정관이 입법을 꾀한다든지, 백성들이 복종하기를 거부한다면 규칙은 사라지고 무질서 상태가 뒤를

31) 주권자 대 정부 = 정부 대 국민의 등식.

이을 것이며, 힘과 의지는 제각기 따로 행동하게 될 것이다. 그 결과 국가가 와해되어 전제 상태나 무정부 상태로 추락하는 것이다.

빗대자면 비례식에서 비례중항은 오직 하나만 있듯이 국가 내에도 좋은 정부는 하나밖에 존재할 수 없다. 그러나 국민 간의 관계식이 수천 가지 상황에 따라 달라질 수 있기 때문에 훌륭한 정부는 국민의 종류에 따라, 뿐만 아니라 같은 국민이라도 시대에 따라 형태를 달리할 수 있다.

비례중항을 제외한 두 외항 간에 있을 수 있는 여러 가지 관계를 좀 더 이해시키기 위해 나는 여기서 보다 설명하기 쉬운 관계식으로 국민의 수를 그 예로 들겠다.

어떤 국가가 만 명의 시민으로 구성되어 있다고 하자. 이때 주권자는 본래 집합적으로 그리고 하나의 단체로서 생각될 수밖에 없다. 그러나 국민으로서 각 구성원은 한 개인이 되어야 한다. 따라서 이 경우에 국민과 주권자의 관계는 일만 대 일이다.

다시 말해 국가의 구성원은 각자 자기의 모든 것을 국가에 바치지만, 자기 몫으로 되돌려 받는 것은 주권자 권한의 일만 분의 일에 불과한 것이다. 국민의 수가 십만 명이 된다고 하면 국민의 신분에 하등의 변화가 없으므로 각 개인은 여전히 법률의 전적인 지배를 받는 반면 그들의 투표권은 십만 분의 일로 감소한다. 결과적으로 이것이 법률 제정에 행사할 수 있는 영향력은 앞의 경우와 비교해서 10배 적다.

결론적으로 국민은 항상 하나로 변함이 없고, 주권은 시민의 수에 정비례한다. 따라서 국가가 커지면 커질수록 개인의 자유는 더욱 감소한다는 결론이 나온다.

내가 주권 대 국민의 비례가 커진다고 말할 때, 그것은 그 비가 1이라는 수에서 점점 더 멀어진다는 것을 뜻한다. 그런데 기하학적 의미에서 이 비례가 커지면 커질수록 보편적인 의미하에서는 그 대비가 점점 적어진다. 왜냐하면 전자의 경우는 비례가 양적으로 간주되어 그 수치에 의해 측정되지만, 후자의 경우에는 항등식을 바탕으로 고찰되므로 서로 간의 닮은꼴에 따라 측정되기 때문이다.

개별적 의지가 일반의지와 덜 닮을수록, 즉 법률과 관습 간의 관계가 느슨해질수록 개인의 의지를 억압하는 힘은 점점 더 커질 수밖에 없다. 그러므로 좋은 정부가 되기 위해서 정부는 국민의 수가 증가함에 따라 그에 비례하여 강대해져야만 한다.

국가가 팽창함에 따라 공공의 권한을 위탁받은 사람들에게도 권한을 남용해 보고 싶은 유혹과 수단이 많아지는 것에 비례하여, 정부가 국민을 제어하기 위해 더 큰 힘을 가지면 가질수록 주권자도 정부를 통제하기 위해 더 큰 힘을 행사하게 된다. 내가 여기서 말하는 것은 국가의 절대적인 힘이 아니라 국가를 이루는 서로 다른 요소들의 상대적 권한이다.

이러한 이중의 관계로부터 주권자, 군주, 그리고 국민 삼자 간의 등비수열은 누군가의 임의적인 발상이 아니라, 정체의 본질에서 비롯된 필연이라는 결론이 나온다. 뿐만 아니라 외항 중 하나인 국민은 국민으로서는 항상 한 덩어리로 고정되어 대표되므로 복비(複比)가 증감할 때마다 단비(單比)도 따라서 증감한다. 따라서 결과적으로는 이때 가운데 항도 변화한다는 결론이 나온다.

이 수식을 통해 우리는 절대적이고 유일한 정부는

성립되지 않으며, 국가의 각기 다른 크기에 맞추어 각기 다른 형태의 정부가 있을 수 있다는 사실을 알게 된다.

누가 이 법칙을 웃어넘겨 버리면서 내 말대로 해서 그와 같은 비례중항을 구해 정부를 구성하자면 국민 수효의 평방근을 구하기만 하면 될 것이 아니겠냐고 한다면, 나로서는 이렇게 대답하겠다.

"내가 여기서 인구수를 든 것은 단순히 한 예에 불과하며, 내가 언급하고 있는 관계는 단순히 인구수로만 측정되는 것이 아니라 일반적으로 무수한 원인으로 짜인 행동량에 의해 산출되는 것이다."

더욱이 내가 보다 간결하게 설명하기 위해서 기하학의 용어를 잠시 빌려 쓰고는 있지만, 정신적인 질량을 셈하는 데 기하학적인 정밀성이 적용되지 않는다는 사실을 모르고 있는 것은 아니다.

정부는 자기 자신이 포함된, 실물과 꼭 같은 크기의 정치체의 축소판이라 하겠다. 그것은 주권자와 같이 능동적이고 수동적인 일정한 기능을 갖춘 하나의 정신적 인격체이나 이 정신적 인격체가 가지는 관계는 계속 이와 같은 식으로 분해될 수 있다.

그 결과 이런 관계들 사이에서 새로운 비례관계가 계속해서 태어난다. 이처럼 행정 책임의 등급에 따라 차례로 그 비례를 추적하다 보면, 결국은 분할이 불가능한 어떤 비례중항, 즉 단 한 사람의 행정 수석, 다시 말해서 최고 행정관에 이르게 된다. 이때 이 유일한 최고 행정관은 비례급수와 정수급수 사이에 있는 1이라는 단위 숫자로 표시될 수 있겠다.

이와 같은 항의 번거로운 나열을 피하고, 정부를 국민이나 주권자와는 구별하면서도 이 둘을 중개해 주고 있는 국가 안의 새로운 단체로 간주하는 데 그치기로 하자.

이 두 단체 사이에는 본질적인 차이점이 있다. 국가는 홀로 존재하지만 정부는 주권자에 의해서만 존재한다. 그래서 군주의 지배적인 의지는 일반의지이거나 법률이 정하는 것이고 그러므로 그대로 따라야 한다.

그의 힘은 자신에게 집중되어 있기는 하지만 실은 공공의 힘일 뿐이다. 그가 독단적으로 다소 절대적이고 독립적인 행동을 하면 곧 국가의 전체적인 유대는 끊겨 나가기 시작할 것이다. 군주가 정치를 행함에 있어 주권자의 의지보다 자기의 개인 의지를 내세우고 그에 따르도록 강요한다고 생각해 보자. 그는 자신이 장악하고 있는 공공의 힘을 사용한 결과로 두 개의 주권자, 즉 법적인 주권자와 사실상의 주권자를 만들어 낸 것이다. 이로써 사회적 결합은 자취도 없이 사라져 버릴 것이며 정체는 붕괴되어 버릴 것이다.

그러나 한편 정부라는 단체가 하나의 실체, 즉 국가라는 집합체와는 구별되는, 현실적인 생명을 가지며, 모든 구성원을 일치단결시키는 설립 목적에 부응하기 위해서는 하나의 개인적 '자아'를 가져야 한다. 다시 말하면 정부 구성원들은 공통된 의식, 그리고 자기 보존을 꾀하는 자체의 힘과 의지를 가져야 한다.

이러한 개인적 실체는 총회, 위원회, 의결권, 그리고 군주에게 국한되어 있으며, 행정관의 직무가 고된 만큼 이를 보상해 주는 영예로운 권리, 칭호 그리고 특권들을 포함하고 있다.

그러나 여기서 어려운 점은 정부라는 이 종속된 전체를 국가라는 전체에 질서 있게 편입하는 방법을 모색하는 것이다. 그래서 정부는 자신의 체제를 강화하면서도 전체적인 체제를 약화시키지 않아야 하며, 자기보존을 위해 마련된 정부의 힘은 국가보존을 위해 마련된 공공의 힘과 늘 구별된다는 것을 알아야 한다. 결국 어려운 점은 정부가 국민을 제물로 바치는 것이 아니라 정부가 국민을 위해 자신을 희생할 준비가 항상 되어 있어야 한다는 사실에서 나온다.

더구나 정부라는 인위적 단체는 또 하나의 인위적 단체인 국가에 의해 만들어진 것이며, 정부가 차용되고 종속된 생명을 가지고 있을 뿐이라고 하더라도 활기차게, 혹은 민첩하게 움직이지 못할 정도로 쇠약하지는 않다. 정부는 설립 목적에서 벗어나지만 않는다면 구성원의 성질에 따라 어느 정도는 목적지에서 이탈할 수 있다.

바로 이러한 차이점으로부터 정부가 국가에 대하여 그때그때의 특수한 사정에 따라 마땅히 취해야 하는 대응이 생겨나며, 그 결과로써 다양한 형태의 관계가 생겨나는 것이다. 이 우발적이며 특수한 관계로 인해 국가 자체도 변모한다.

왜냐하면 그 자체로는 아무리 훌륭한 정부라 할지

라도 자기가 속해 있는 정치체의 결함을 보완하는 쪽으로 관계를 수정해 나가지 못한다면, 어느 것보다도 불완전한 정부가 되기 쉽기 때문이다.

제2장 _ 다른 여러 형태의 정부를 구성하는 원리

앞서 어려운 점들에 대한 일반적인 이유를 설명하기 위하여 내가 국가와 주권자를 구별했듯이 군주와 정부도 분명히 구별되어야 한다.

행정 단체의 구성원 수는 보통보다 더 많거나 더 적을 수 있다. 우리는 이미 국민의 수가 많으면 많을수록 주권자가 그만큼 더 강대해진다는 사실을 관찰했다. 유추 해석을 통해 그와 같은 말을 정부와 행정관의 수의 관계에도 정확히 적용할 수 있다.

그리고 정부의 총력은 항상 국가의 총력이므로 그것은 변화하지 않는다. 이 사실로부터 정부가 그 구성원에게 힘을 쓰면 쓸수록 전체 국민을 통치할 힘은 그만큼 감소한다는 결론이 나온다.

『보르도 씨에게 보내는 편지』 출판

1743년 31세인 루소는 6월 베네치아 주재 프랑스 대사 몽태규 백작의 비서가 돼 9월 베네치아에 도착했다. 그는 새로운 가정 교사가 도착하기를 기다리는 2주일 동안 백작 아들(13세)의 교육을 위탁받는다.

따라서 행정관의 인원이 증가하면 그만큼 정부는 힘이 약해진다. 이러한 공식은 기본적인 것이므로 좀 더 밝혀 보기로 하자.

행정관이라는 인격체 속에서 본질을 달리하는 세 종류의 의지를 가려낼 수 있다. 첫 번째는 자신의 개인적 이익만을 도모하려고 하는 개인으로서의 의지이고, 둘째는 군주(군주의 의지는 정부의 의지)의 이익에 관심을 두고 있는, 행정관 누구에게나 공통되는 의지이다. 이 의지는 단체 의지라는 이름으로 불릴 수도 있을 것이다. 이것은 정부에 대해서는 일반의지가 되지만, 정부가 예속되어 있는 국가에 대해서는 개별적인 의지가 된다. 셋째는 국민의 의지 혹은 주권자의 의지이다. 이 의지는 전체로 간주되는 국가에 대해서나 전체의 일부로 고려되는 정부에 대해서 일반의지가 되고 있다.

입법 조직이 완전무결하려면 특수 의지, 즉 개인 의지는 완전히 배제되어야 하고, 정부 고유의 의지도 지극히 억제되어야 한다. 결과적으로 일반의지, 즉 주권자 의지가 항상 주가 되어 다른 모든 의지를 통솔하는 유일한 기본 의지가 되어야 한다.

반대로 자연의 질서에서는 서로 여러 의지가 능동적일수록 그 의지들의 일반의지는 항상 가장 미약하고, 단체 의지가 두 번째 자리를 차지하며, 특별한 의지가 모든 의지 가운데 으뜸이 된다. 그 결과 정부 안에서 각 구성원의 우선순위는 먼저가 개인, 두 번째가 행정관, 세 번째가 시민이 된다. 이러한 순서는 사회질서가 요구하는 것과는 분명히 반대되는 순서이다.

정부가 단 한 사람의 수중에 들어 있다고 하자. 그렇다고 한다면 개인 의지와 단체 의지는 완전히 결합될 것이다. 그 결과 단체 의지는 가장 강력한 의지가 될 것이다. 힘의 행사는 의지의 강도에 좌우되고 정부의 절대적인 힘은 변동이 없기 때문에 정부의 형태 가운데 가장 적극적인 형태는 한 사람의 정부라는 결론이 나온다.

반대로 우리가 정부와 입법부를 결합시켜 군주를 주권자로 삼고 시민 모두를 행정관으로 삼는다면, 이 경우 단체 의지는 일반의지로 점차 바뀌어 일반의지와 마찬가지로 적극적이지 못하게 된다. 그리하여 개인 의지만이 남아 자기 힘을 전적으로 구사할 것이다. 이렇게 해서 여전히 정부가 가진 힘의 절대량에는 변화가 없으나 상대적인 힘의 구사력, 즉 활동력은 '최소한' 으로 떨어질 것이다.

이와 같은 관계는 논의의 여지가 없지만, 각 시민이 자기 단체 내에서 갖는 힘보다는 각 행정관이 자기가 속해 있는 단체에 대하여 행사하는 힘이 더욱 강력하다. 그래서 개인 의지는 주권자의 행위보다는 오히려 정부의 행위에 더욱 큰 영향력을 행사하게 된다는 사실은 명백하다. 왜냐하면 시민은 각자 단독으로는 주권의 어느 기능도 가지지 못하는 반면, 행정관이라면 누구나 정부 기능의 한 부분을 맡고 있는 경우가 대부분이기 때문이다.

더욱이 국가가 커지면 그 판도의 크기에 비례하는 것은 아니겠지만, 어쨌든 국가의 실력도 향상되는 것이 사실이다. 그러나 국가의 힘에 변화가 생기지 않을 때는 행정관의 수를 늘린다는 것은 소용없는 짓이며, 그렇게 한다고 해서 정부가 보다 큰 실력을 얻는 것도 아니다. 왜냐하면 그 힘은 결국 국가의 힘이므로, 힘의 크기는 항상 일정하기 때문이다.

따라서 이 경우 정부의 절대적인 힘, 혹은 현실적인

힘은 얻지 못하고, 상대적인 힘, 또는 활동력만 감소시킬 뿐이다. 분명한 것은 정무의 담당자 수가 많으면 많을수록 정무의 속도는 그만큼 늦어진다는 것이다. 많은 사람이 지나치게 신중하다 보면 좋은 기회에 제대로 생각이 미치지 못해 기회를 놓쳐 버릴 수 있다. 심사숙고하다 보면 흔히 숙고한 보람을 잃어버리는 것도 분명한 사실이다.

나는 방금 행정관의 수가 늘어남에 따라 정부는 점차 약화된다는 사실을 입증해 보였다. 그리고 앞서 국민의 수가 증가하면 국민을 억제하는 힘도 함께 증대되어야 한다는 것을 증명했다. 따라서 행정관이 정부에 대해 가지는 관계는 국민 개개인이 주권자에 대해 가지는 관계와 반비례해야 마땅하다는 결론이 나온다. 덧붙이자면 국가가 커질수록 정부는 밀집되어야 하며, 국민이 증가할수록 통치자의 수는 감소해야 한다.

이것들은 정부의 상대적인 힘을 설명하고 있는 것이지 정부 행위와 관련된 사실을 설명하는 것이 아니라는 것을 덧붙여 말해 둔다. 왜냐하면 이미 설명한 것과 같이 단 한 사람의 행정관 아래서의 단체 의지는 결국 개인 의지에 불과한 반면, 행정관의 수가 증가할수록 단체 의지는 일반의지에 더욱 근접하기 때문이다.

이처럼 어느 쪽으로 치우쳐도 그것만의 장단점이 있다. 입법자의 기술은 항상 서로 반비례하고 있는 정부의 힘과 의지가, 국가에 가장 유익한 비례로 맞물리고 있는 지점을 결정하는 방법을 알아내는 것이다.

제3장 _ 정부의 분류

앞 장에서 우리는 왜 정부의 다양한 종류 또는 형태가 구성원의 수에 의해서 구별되는가에 대해서 살펴보았다. 이 장에서는 정부의 분류를 살필 것이다.

첫째로, 주권자는 정부를 국민 전체, 또는 국민 대다수에게 위임하여 보통 시민의 수보다 행정관의 수를 더욱 많게 할 수 있다. 이러한 정부 형태는 '민주정부' 로 알려져 있다. 또 이렇게 하는 대신에 주권자가 소수의 국민에게 정부를 맡김으로써, 시민의 수를 행정관의 수보다 많게 할 수 있다. 이 정부 형태는 '귀족정치' 라고 불린다. 끝으로 주권자는 정부 전체를 단 한 사람의 행정관에게 집중적으로 위임함으로써, 남은 모든 사람이 이 한 사람으로부터 그들의 권력을 얻도록 할 수 있다. 이 세 번째의 정부 형태가 가장 흔하며, 이는 '군주정치' 혹은 '왕정'이라고 불린다.

이 모든 정부 형태들에 대해 적어도 앞의 두 형태는 같은 유형 내에서도 정도의 차이가 있을 수 있다. 그 유형의 범주는 상당히 넓다. 왜냐하면 민주정부가 모든 국민을 포함할 수도 있고, 또 그 절반으로 제한할 수도 있기 때문이다.

귀족정치 역시 국민의 절반으로부터 최소한의 수까지 제약 없이 행정관의 숫자를 줄여 갈 수 있다. 게다가 왕정까지도 분할의 여지가 있다. 스파르타에서는 국법에 따라 두 사람의 왕이 있었으며, 로마제국에는 동시에 최고로 여덟 명의 황제가 있었다. 그렇다고 해서 이 제국이 분열되어 있었다고는 말할 수 없다. 이런 식으로 각 정부 형태가 한계에 이르러 이웃해 있는 정부 형태와 마주치는 공동의 경계선이 생기는 경우도 존재한다.

따라서 그 명칭은 세 가지에 불과하지만, 실제로는 국가에 살고 있는 시민의 수만큼이나 많은 다양한 정부 형태가 생겨날 수 있다는 것을 우리는 알 수 있다.

더욱이 한 정부가 단독의 여러 부분으로 세분될 수 있고, 그중 한 부분은 이런 형태로 통치되고 다른 부분은 저런 형태로 통치될 수 있으므로 세 개의 정부 형태들은 결합되어 혼합 정부 형태를 만들어 낼 수 있다. 이 혼합 형태 하나하나는 모든 단일 형태에 의해 곱으로 늘어날 수 있다.

어느 시대를 막론하고 사람들은 '어떤 것이 가장 좋은 정부 형태인가?' 라는 문제를 논의했다. 그러나 각각의 형태가 어떤 경우에 가장 좋고 어떤 경우에 가장 나쁜가를 찾아내지 못했다.

종류가 다른 여러 국가에서 행정관의 수가 시민의 수에 반비례해야 마땅하다고 한다면, 일반적으로 민주정치는 작은 국가에 적합하고, 귀족정치는 중간 정도의 국가에, 그리고 군주정치는 큰 나라에 적합하다는 결론이 얻어진다. 이러한 법칙은 우리가 앞에서 논의했던 원리에서 나온다. 그러나 우리가 어떻게 예외를 만드는 수많은 사정을 모두 다 헤아릴 수 있겠는가.

제4장 _ 민주정치

법률을 만드는 사람은 그 법률이 어떻게 집행되어야 하고 어떻게 해석되어야 하는가를 어느 누구보다 잘 안다. 그러므로 행정권과 입법권이 결합된 구조보다 더 좋은 정체는 있을 수 없을 것만 같다.

그러나 바로 이러한 결합은 정부 형태를 어떤 점에 있어서 결함이 있는 것으로 만든다. 왜냐하면 구별되어야 할 것들이 구별되지 않고, 군주와 주권자가 같은 사람이어서 말하자면 정부 없는 정부를 이루고 있기 때문이다.

법률을 제정하는 사람이 법률을 집행하는 것은 좋지 않고, 국민 집단의 경우에 그들이 주의를 일반적인 관점에서 특수한 대상으로 돌리는 일도 좋지 않다. 공공의 업무에 개인의 이해관계가 영향을 끼치는 것만큼 위험한 것은 없다.

정부가 법률을 남용하는 죄악은 개인의 이익을 도모하다가 필연적으로 생기는 입법자의 부패보다는 낫다. 이렇게 되면 국가의 본질까지 퇴색되기 때문에 모든 개혁은 불가능해진다. 정부를 남용하지 않는 국민은 독립을 남용하지 않을 것이고, 항상 통치를 잘하는 국민은 통치를 받을 필요도 없을 것이다.

엄밀한 의미에서 용어를 따진다면 진정한 민주정치는 이제까지 존재하지 않았고, 앞으로도 존재하지 않을 것이다. 다수가 지배하고 소수가 지배를 받는다는 것은 자연의 이치에 어긋나는 일이다. 공공의 업무에 종사하기 위해서 국민이 끊임없이 집합해 있어야 한다는 것은 상상할 수 없다. 그래서 위원회와 같은 것을 만들게 되면 행정의 형태가 바뀌지 않을 수 없다는 것은 쉽사리 알 수 있는 일이다.

사실 정부의 기능이 몇 개의 행정 부서에 분할될 때 사무처리의 용이성만으로도 자연히 유리한 위치에 서게 되는 가장 적은 수로 이루어진 행정기구가 조만간 가장 큰 권한을 획득하게 되리라고 원칙적으로 생각하는 바이다.

게다가 얼마나 많은 어려운 조건들을 그런 민주형태의 정부가 갖춰야 할까? 첫째, 국가는 아주 작아서 국민이 쉽게 모일 수 있고, 각 공민은 쉽게 다른 모든 공민을 알 수 있어야 할 것이다. 둘째, 풍습이 극히 단순해서 공공업무가 복잡하지 않고 까다로운 논의 문제가 생기지 않아야 하며, 국민의 지위와 재산이 매우 평등해야 할 것이다. 그렇지 않으면 국민의 권리와 법의 권위의 균형은 오래 지속되지 못할 것이다.

끝으로 사치는 아주 적든지 전혀 없어야 한다. 왜냐하면 사치는 부의 결과이거나 부를 필요로 하기 때문이다. 사치는 부자와 가난한 자를 동시에 타락시킨다. 부자는 부를 갖고 있기 때문에, 그리고 가난한 자는 부를 탐내기 때문에 타락한다. 사치는 조국을 무기력과 허영에 내맡기고 국가로부터 모든 공민을 빼앗아 상호 간에 노예가 되게 하고, 또 모든 사람을 편견의 노예로 만든다.

그렇기 때문에 한 유명한 저술가[32)]는 덕을 공화국의 근본 원칙으로 삼았다. 왜냐하면 이런 모든 조건은 덕이 없으면 존속될 수 없기 때문이다. 그러나 이 위대한 천재도 필요한 구분을 하지 않음으로써 자주 정확성을 잃었다. 정부는 어느 곳에 있는 것이라 하더라도 모두 같기 때문에 다소간 정부의 형태에 따라 다를 수는 있어도, 잘 조직된 모든 국가에 같은 원칙이 적용될 수 있다는 점을 생각하지 못했던 것이다.

우리는 민주정치 혹은 국민정치의 정부만큼 국내의 내란이나 소요에 흔들리기 쉬운 정부는 없다는 사실을 덧붙일 수 있다. 왜냐하면 이 정체만큼 정체의 변화를 강력하게, 그리고 끊임없이 지향하는 정체가 없고, 이 정체만큼 정체 유지에 경계와 용기를 필요로 하는 정체도 없기 때문이다.

특히 이런 구조 안에서는 각 공민은 강한 힘과 끈기로 무장하여 덕망 높은 폴란드의 지사[33]가 의회에서 "나는 굴종으로 얻은 평화보다는 위험한 자유를 택하겠다."고 한 말을 매일 마음속에서 되풀이해야만 된다.

---

32) 몽테스키외를 말함. 몽테스키외는 『법의 정신』 제3권에서 민주정치의 근본을 덕이라고 했다.

33) 폴란드 국왕의 아버지이며 로렌느 공인 폴란드의 포스나이주 지사.

신의 국민이 존재한다면 그들은 민주적으로 다스려질 것이다. 그러나 인간에게는 이렇게 완전한 정부는 적합하지 않다.

제5장 _ 귀족정치

이 장에서 우리는 두 개의 뚜렷한 정신적 인격, 즉 정부와 주권자를 살펴볼 것이다. 하나는 시민 모두에게 속하고 다른 하나는 행정부 구성원에게 만족하는 두 개의 일반의지이다. 그러므로 정부가 국내 정책을 원하는 대로 조절할 수는 있을지라도 정부는 주권자의 이름, 즉 국민의 이름으로서가 아니면 국민에게 결코 호소할 수 없다.

초기의 사회는 귀족정치 형태로 통치되었는데, 각 가족의 가장들이 공공의 일을 서로 협의했고 젊은이들은 경험이 많은 그들의 권위에 쉽게 따랐다. 그 때문에 사제, 족장, 원로원, 그리고 장로들의 말들이 생겼다. 북아메리카의 원주민들은 지금도 이와 같은 통치방법을 유지하고 있다. 그런데 그들은 여전히 매우 잘 통치되고 있다.

그러나 제도에 의해 생긴 불평등이 자연적인 불평등보다 우세해짐에 따라서 부와 권력[34]이 연령보다 중요해짐으로써 귀족정치는 선거에 의하게 되었다. 마침내는 아버지의 권력이 그의 재산과 함께 자손에게 넘겨지자 특권을 가진 가문이 생겨나고, 정부도 세습적인 형태를 띠게 되어 20세의 원로원 의원도 나타나게 되었다.

그러므로 귀족정치에는 세 가지 종류가 있다. 즉 그것들은 자연적인 귀족정치, 선거에 의한 귀족정치, 그리고 세습적인 귀족정치이다. 첫째 것은 단순한 국민에게만 적합하고, 셋째 것은 모든 정부 형태 중에서 가장 나쁜 것이고, 둘째 것이 가장 좋은 것으로 보통 말하는 귀족정치이다.

귀족정치는 주권자와 정부의 구별이 있다는 이점을

---

34) 고대인들은 Optimates란 단어를 최선이란 뜻이 아니라 최강이란 뜻으로 사용했음이 명백하다.

오페라 '사랑의 시신(詩神)' 완성

1745년 33세가 된 루소는 오페라 '사랑의 시신' 을 완성해 상연한다. 이때 디드로와 콩디약들과 교류하며, 연말 볼테르와 라모의 합작 오페라 '라미르의 잔치' 의 개작을 청탁 받았다.

가지고 있을 뿐만 아니라 정부의 구성원을 국민이 선출한다는 장점도 가지고 있다. 국민의 정부에서는 모든 시민이 태어나면서부터 행정관이지만, 귀족정치에서는 행정관의 수가 소수로 제한되어 있고 모든 행정관은 선거[35]에 의해서만 선출될 수 있다. 이 정치는 행정관의 정직, 총명, 경험, 그리고 대중의 사랑과 존경을 받는 다른 모든 이유들을 더 슬기로운 통치의 보증으로 삼고 있는 방법이다.

더욱이 회의들은 더 용이하게 이루어질 수 있고, 사건들은 더 잘 토의되고, 더 질서 있고 민첩하게 처리될 수 있다. 외국인들이 보는 바로도 국가의 신용은 이름이 알려지지 않고 경멸받는 사람들이 다스리는 경우보다 존경받는 원로원 의원들이 다스림으로써 더욱 잘 유지된다.

한마디로 말하면 가장 현명한 사람들이 자기들의 이익을 위해서가 아니라 대중의 이익을 위해 대중을 다스린다는 것을 우리가 확신하기만 한다면 이 사람들이 대중을 다스리는 것이야말로 가장 좋고 가장 자연스러운 방식이다.

국가는 쓸데없이 행정기관들을 늘리지 않아야 하고 선출된 백 사람이 더 잘할 수 있는 일을 하기 위해 2만 명의 사람들을 고용하지 않아야 한다. 그러나 귀

---

35) 행정관의 선출 방법을 법률로 정해야 한다는 것은 매우 중요한 일이다. 왜냐하면 이 방법을 군주에게 전적으로 맡겨 버린다면 베니스 공화국이나 베른 공화국에서 일어났던 것처럼, 세습적 귀족정치 체제로 빠지는 것을 피할 수 없기 때문이다. 사실 베니스 공화국이 붕괴된 것은 오래 전 일이고, 베른 공화국은 몹시 현명한 원로원 때문에 아직 유지되고 있지만 그것은 매우 명예로운 예외에 속한다. 그러나 매우 위험한 것이기도 하다.

족정치에서는 집단의 이해관계가 일반의지의 명령에 따라 공공의 것을 움직이게 하는 힘이 약해야 하며, 법률에서 집행권의 일부가 박탈되는 경향이 주목되어야 한다.

이런 정부 형태에 알맞은 환경에 관해 말하자면 국가가 너무 작거나 국민이 너무 단순하고 솔직하여, 훌륭한 민주정치에서처럼 법률의 집행이 공적인 의지에서 직접 비롯되지 않아야 한다. 나라가 너무 커서 나라를 지배하기 위해 여기저기 흩어져 있는 지배자들로 하여금 각자 자기 지역에서 주권자가 되고 각자 독립하게 하여 그 지역의 우두머리가 되는 일이 없도록 해야 한다.

그러나 귀족정치에는 국민정부에서 요청되는 미덕을 모두 요구할 수 없지만, 귀족정치에는 고유한 다른 미덕이 요구된다. 바로 부자에게는 절제가, 가난한 자에게는 만족이 요구되는 것이다. 왜냐하면 여기에는 스파르타에서도 볼 수 없었던 완전한 평등이 어울리지 않는 것 같기 때문이다.

게다가 이런 정치 형태가 어느 정도의 부의 불평등성을 내포하고 있지만, 이것은 일반적으로 공공직무를 처리하는 일은 그 일을 위해 모든 시간을 바칠 수 있는 사람들에게 맡겨져야 한다는 이유에서 유래했지, 아리스토텔레스가 주장했듯 부자이니까 그런 직책이 항상 주어져야 한다는 이유에서 유래한 것이 아니다.

반대로 때때로 가난한 자를 선출해서 직분을 맡김으로써, 행정관을 선출하는 데 있어 부보다 더 중요한 이유가 있다는 점을 국민에게 가르쳐 주는 일도 필요하다.

제6장 _ 군주정치

지금까지 우리는 군주를 법률의 힘에 의해 통합되고 국가집행권의 수탁자로 행동하는 정신적이고 집합적인 인격체로 생각해 왔다.

이제 우리는 이 행정권이 하나의 자연인, 하나의 실재하는 인간의 손아귀에 집중된 경우를 고찰해 보아야겠다. 이 사람은 법률에 의해서 행정권을 마음대로 행사할 수 있는 유일한 사람으로, 우리는 그를 군주 또는 국왕이라 부르고 있다.

집합체가 개인을 대표하는 다른 행정체제에서와 반대로 군주정체제에서는 한 개인이 집합체를 대표한다. 따라서 군주를 형성하고 있는 정신적 단위는 동시에 육체적 단위이며, 다른 정체에서는 법률이 겨우 결합시킬 수 있는 모든 직능이 군주정체하에서는 자연스럽게 이루어진다.

따라서 국민의 의지와 군주의 의지, 국가의 공적인 힘과 정부의 개별적인 힘이 모두 같은 원동력에 따르고 있다. 기계의 모든 스프링이 한 사람의 손에 있고 모든 것이 하나의 목표를 향해 작동한다. 서로 반대되는 행동을 하고자 충돌하는 움직임은 없다. 그래서 이 정체보다 적은 노력으로 더 중요한 운동을 일어나게 하는 다른 정체를 우리는 상상할 수 없다.

바닷가에 조용히 앉아 힘들이지 않고 큰 배를 띄운 아르키메데스는 사무실에 앉아서 넓은 나라를 지배하고 자신은 움직이지 않는 것 같으면서도 모든 것을 움직이고 있는 능란한 군주같이 여겨진다.

그러나 군주정치보다 더 힘 있는 정치가 없다면 이보다 개인의 의지가 더 우위를 차지하고 더욱 쉽게 다른 의지를 지배하는 정치도 없다. 모든 것이 같은 목표를 향해 움직이고 있는 것은 사실이지만, 그 목표는 공중의 행복이 아니다. 그래서 바로 행정의 힘 자체가 국가를 끊임없이 해치고 있다.

왕들은 절대군주이기를 바란다. 멀리서 사람들이 그런 절대권력을 갖는 가장 좋은 방법은 국민으로부터 사랑을 받는 것이라고 그들에게 소리쳐도 소용없다. 이 말은 훌륭한 교훈이며 어느 점에서는 사실이다. 그러나 궁정에서 이런 말은 비웃음을 받을 것이다.

국민의 사랑에서 비롯된 권력은 가장 강한 권력이다. 그러나 이 권력은 불안정하고 조건부의 권력이어서 군주들은 결코 이런 권력에 만족하지 않을 것이다. 가장 훌륭한 국왕도 자신의 지배권은 잃지 않은 채 마음만 내키면 잔인해질 수 있다.

정치에 관해 설교자들이 국민의 힘은 군주의 힘이므로 군주의 가장 큰 이익은 곧 국민이 번영하고 증가하며 강력해지는 것이라고 군주에게 당연히 말할지도 모른다. 그러나 군주는 이것이 사실이 아님을 잘 알고 있다. 군주의 개인적 이익의 첫째는 국민이 허약하고 가난하여 군주에게 결코 반항할 수 없게 하는 것이다.

국민이 항상 완전하게 복종하고 있다면 국민이 강해지는 것은 군주의 이익이 된다. 그래서 국민의 힘은 군주의 힘이 되어 이웃 나라에 위세를 떨칠 수 있게 해준다. 그러나 이런 이해관계는 부차적이고 종속적인 것이며, 힘은 온화함과 모순되기 때문에 군주들은 항상 자기에게 직접 이익이 되는 원칙인 힘 쪽으로 기울어지게 마련이다.

이것이 바로 사무엘이 히브리 사람들에게 강력하게 지적한 것이고, 마키아벨리가 분명히 보여 준 것이다. 그는 국왕들을 가르친다는 명목으로 국민에게 커다란 교훈을 주었다. 따라서 마키아벨리의 『군주론』은 공화주의자의 책이라 할 수 있다.[36)]

우리는 이제 전반적 관계로 보아서 군주정치는 큰 나라에만 적합하다는 사실을 알았다. 군주정치 그 자체를 검토해 보면 더욱 그러하다는 것을 알게 될 것

---

36) 마키아벨리는 정직한 사람이고 선량한 시민이었다. 그러나 메디치가에 봉사하고 있었기 때문에 조국의 압제에서 자유에 대한 그의 사랑을 숨겨야만 했다. 그가 증언하는 영웅을 선택해서 공격하는 것을 보면 그의 숨은 의도를 충분히 엿볼 수 있고, 그의 저서인 『군주론』의 교훈이 『리비에 관하여』와 『플로렌스』의 교훈들과 모순되는 것은 이 깊이 있는 정치 사상가가 이제까지 피상적이고 타락한 독자들에게만 읽혔다는 사실을 나타낸다. 로마 궁정은 그의 저서를 가혹하게 금지했다. 나는 이 사실을 믿을 수 있다. 왜냐하면 그가 가장 명확하게 묘사한 것이 로마 궁정이었기 때문이다.

이다. 공공행정이 많은 행정관을 가지면 가질수록 국민 수에 대한 군주의 수가 줄어들어 두 수의 비율이 거의 비슷하게 된다. 그래서 이 관계는 민주정치에서는 대등 관계, 즉 일 대 일의 비율이 된다.

정부의 인원수가 줄어들면 줄어들수록 이 비례 관계는 더 커지고, 정부가 한 사람의 손아귀에 들어가면 이 비율은 가장 커지게 된다. 그렇게 되면 군주와 국민 사이에 너무 큰 거리가 생기고 국가의 결합이 와해되고 만다. 그래서 결합상태를 이룩하기 위해서는 중간계층이 필요하다.

다시 말해서 중간계층을 이룰 제후, 영주, 그리고 귀족들이 필요하다는 것이다. 그러나 작은 나라에서는 이런 모든 계층이 적합하지 않다. 이런 계층 자체가 국가를 망하게 할 것이다.

그러나 큰 나라를 잘 통치하기가 어려운 일이라면 한 사람의 손으로 그 나라를 통치한다는 것은 더욱더 어려운 일일 것이다. 국왕이 자기의 대리인들을 통해 통치할 때 일어날 일들을 모든 사람들이 알고 있다.

군주정치를 공화정치보다 열등한 것으로 만드는 근

본적이며 필연적인 결점이 있다. 공화정치에서는 직책을 영예롭게 수행할 만큼 현명하고 유능한 사람이 아니면 대중의 여론이 그를 최고의 직위에 올려 주지 않는다. 반대로 군주정치에서는 그런 직위에 도달한 사람들은 교활하거나 간사한 무리들이어서 그들의 보잘것없는 꾀는 궁정에서 출세하는 데는 힘이 되지만, 높은 자리에 앉고 나면 곧 무능을 대중에게 드러낼 뿐이다.

국민은 이런 선택의 문제에 있어 군주보다는 실수를 덜한다. 그래서 군주정치의 행정관 중에 진실로 유능한 사람이 드문 것은 공화정치의 행정 책임자 중에 바보를 찾아보기 힘든 것과 같다. 그러므로 운 좋게 태어날 때부터 통치능력을 타고난 사람이 수많은 무능한 행정관들 때문에 거의 망해버린 군주국에서 행정을 맡게 되면, 그의 수완에 국민은 완전히 놀라게 되는 것이다. 이런 경우는 실로 역사에 남을 만할 것이다.

군주국가가 잘 통치되려면 인구와 영토가 그 나라를 통치하는 사람의 능력에 알맞아야 한다. 정복하기는 통치하기보다 쉬운 일이다. 길이가 충분한 지렛대가 있으면 손가락 하나로도 세계를 움직일 수 있다. 그러나 그것을 떠받들고 있으려면 헤라클레스의 어깨가 필요하다.

조금이라도 나라가 클 때에는 대부분 군주는 작은 인물이다. 반대로 매우 드문 일이긴 하지만 나라가 군주에 비해 작을 때도 있다. 이때에도 나라는 잘 통치될 수 없다. 왜냐하면 군주는 항상 자신의 넓은 시야만을 따르기 때문에 국민의 이익을 망각하게 되고, 재능이 없는 군주가 부족한 재능 때문에 국민을 불행하게 만드는 것과 반대로, 너무 많은 재능을 잘못 사용하여 국민을 역시 불행에 빠뜨리기 때문이다.

말하자면 군주의 역량에 따라 군주마다 자기의 영토를 넓히거나 좁혀야 하겠지만, 원로원의 능력이 국왕의 것보다는 안정된 것이기 때문에 그런 상황에 국가는 변함없이 국경을 유지할 수 있고 통치도 잘 된다.

한 사람의 통치체제의 가장 두드러진 단점은 다른 두 정체에서 끊임없이 결합의 유대를 제공해 주는 계속적인 통치자의 승계가 없다는 점이다. 국왕이 죽으면 다른 국왕이 필요하며, 국왕을 선출하기 위해서는 위험한 공백기가 생긴다. 이 선거기간에 풍파가 심하여 시민이 공정하고 청렴하지 않는 한 음모와 부패가 날뛰게 된다.

그러나 이러한 공정과 청렴은 군주정치에서는 거의 찾아볼 수 없다. 이런 때에 국가는 흔히 팔리게 되고 그것을 산 사람이 자기도 다시 팔게 되는 것이고, 강한 사람에게 착취당한 것을 보복한다. 따라서 이런 행정부 밑에서는 조만간 모든 것이 돈에 좌우되며, 이런 국왕 밑에서 누리는 평화는 공백기의 무질서보다 더욱 나쁜 것이다.

이런 폐단을 막기 위해서 어떻게 했었는가? 우선 어느 특정한 가문에 왕위 계승권을 주었다. 왕이 죽었을 때 분쟁을 막기 위해 계승의 서열이 정해졌다. 다시 말해서 국왕 선거에서 오는 불편보다 차라리 섭정제의 폐단을 택함으로써 현명한 행정보다는 표면상의 안정을 택했고, 좋은 국왕을 선출하느라 싸우기보다 차라리 어린애나 불구자 그리고 바보를 군주로서 받아들이는 모험을 했다.

그들은 이 양자택일의 모험에 내맡기는 것이 거의 대부분의 경우 자신들에게 불리하다는 사실을 생각하지 못했었다. 아들의 수치스러운 행동을 꾸짖으며 디오니소스가 "내가 그런 짓을 하더냐?"라고 말하자, "할아버지는 임금님이 아니었으니까요!"라고 한 아들의 대답은 이치에 맞는 것이었다.

다른 사람들을 지배할 수 있도록 교육을 받은 사람도 주위의 영향으로 그의 정의감과 이성을 빼앗기게 된다. 어린 군주들에게 통치하는 기술을 가르치기 위해 많은 고통이 따른다고 한다. 그러나 이런 교육이 어린 군주들에게 유익한 것 같지는 않다. 차라리 그들에게 복종하는 방법부터 가르치는 것이 더 좋을지 모른다.

역사상 찬양을 받은 위대한 국왕들은 지배하기 위한 교육을 받지 않았다. 통치기술은 많이 배운다고 하여 얻어지는 지식이 아니다. 명령을 내리기보다는 복종을 함으로써 더 잘 얻어지는 것이다.

'선과 악을 구별할 수 있는 가장 쉬운 방법은 다른 국왕 치하에서라면 당신이 무엇을 원했고 무엇을 꺼렸을까를 생각해 보는 것이다.'[37)]

---

37) 타키투스의 『역사』에서 인용.

루소, 제네바로 되돌아 옴
1754년 루소는 테레즈와 제네바로 향했으며 도중에 샹베리에서 바랑 부인을 만났다. 8월 제네바에서 재 개종한 뒤 시민권을 다시 얻었으며 명예도 함께 얻었다.

왕위의 계승이 잘 되지 않는 데서, 또는 국왕을 대신하여 통치하는 사람에 따라 때로는 이런 계획 때로는 저런 계획 아래 통치되는 데서 비롯되는 또 하나의 결과가 바로 오랫동안 고정된 목표나 일관성 있는 정책을 가질 수 없다는 것이다. 그러므로 통치방법이 바뀌고 계획이 바뀌어 국가는 항상 동요한다. 이런 변동은 군주가 동일인인 다른 정부에서는 일어나지 않는 현상이다.

그래서 우리는 일반적으로 말해 군주국의 궁정에는 책략이 날뛰고, 원로원은 현명한 정책을 펴며, 공화국은 보다 더 확고하고 지속적인 계획하에 자신의 목적으로 향하는 정체임을 알 수 있다. 반대로 군주국의 내각이 바뀔 때마다 국가에는 혁명이 일어난다는 사실도 알 수 있다. 그 까닭은 모든 군주국 대신들과 거의 모든 국왕들은 공통적으로 전임자의 정책과는 반대되는 길로만 통치를 펼쳐나가기 때문이다.

이 영속성의 결여는 왕정을 주장하는 궤변론자의 궤변에 해답을 준다. 이 궤변은 나라의 정치를 가정의 정치에, 군주를 가장에 비교할 뿐만 아니라–이것은 잘못이라고 이미 이야기했지만–군주에게 필요한 미덕을 군주가 갖고 있다고 관대하게 믿게 하며, 지금의 군주가 이상적인 군주라고 믿게 한다.

이런 가정대로라면 왕정은 다른 어떤 정체보다도 더 좋을 것임은 확실하다. 왜냐하면 군주정부는 가장 강력한 정부라는 점은 명백하고, 일반의지에 잘 일치하는 단체 의지만 있게 된다면 최상의 정부가 되기 때문이다.

그러나 플라톤이 이야기하듯[38] 타고난 국왕이 매우 드물다면, 이 드문 인물이 왕위에 오르는 행운 역시 매우 드물 것이다. 궁정교육이 교육을 받은 사람을 부패시키는 것이라면, 그런 통치교육을 받은 사람으로부터 우리는 무엇을 기대할 수 있을까? 그러므로 군주정치를 현명한 왕의 정치와 혼동하는 것은 고의적인 과오인 것이다.

군주정치 그 자체가 무엇인가를 살펴보려면 열등하거나 악질적인 군주 치하의 군주정부를 검토해 보아야 할 것이다. 왜냐하면 군주정부에서 왕위에 오르는 사람은 늘 그러하거나, 왕위가 그를 그런 사람으로 만들어 버리기 때문이다.

저술가들도 이런 어려운 점을 모르고 지나친 것은 아니다. 그들은 이런 문제를 다루는 것을 난처하게 생각했을 뿐이다. 해결 방법은 불평을 하지 말고 복종하는 것이라고 그들은 말했다. 나쁜 국왕을 맞이하는 것은 하나님이 분노하신 것이니 하늘의 벌로 생각하고 참을 수밖에 없다고도 했다. 이런 논법은 물론

38) 플라톤의 『정치론』에서 인용.

훌륭하지만 설교 단상에서나 어울리지 정치학 책에도 어울릴지는 의문이다.

기적이 일어날 것이라고 말하며 참으라고만 환자에게 충고하는 의지를 어떻게 생각할 것인가? 나쁜 정부를 가졌을 때 참아야 한다는 점은 잘 알고 있다. 그러나 문제는 좋은 정부가 어떤 것인가를 찾아내야 하는 것이다.

제7장 _ 혼합된 정부의 형태

엄밀히 말한다면 단일정부라는 것은 없다. 한 사람의 국가원수에게도 부하 행정관들이 있어야 하고, 국민정부에게도 한 사람의 국가원수가 있어야 한다. 이러한 행정권의 분배에는 항상 다수에서 소수에까지 단계가 있다. 때로는 다수가 소수에 종속되고, 때로는 소수가 다수에 종속되는 차이는 있다.

영국 정부처럼 각 조직의 부분들이 상호 종속 관계에 있거나 폴란드처럼 각 부분의 권력이 불완전하지만 독립되어 있을 때, 때때로 대등한 분할이 있다. 후자와 같은 형태는 나쁘다. 왜냐하면 정부에 통일성이 결여되어 국가가 결합을 잃기 때문이다.

단일정부 형태와 혼합정부 형태를 살피자면 둘 중

어느 편이 더 좋을까? 이것은 정치학자들 사이에서 이론이 분분한 문제이다. 나는 내가 이미 '모든 정부 형태 중에서 어느 것이 가장 좋을까?' 하는 문제에 대해 대답한 것과 같은 대답을 해야만 한다.

단일정부는 그것이 단순하다는 이유만으로 그 자체가 최상의 것이다. 그러나 행정부가 입법부에 충분히 의존하지 않으면, 즉 국민과 군주의 관계보다도 군주와 주권자 사이의 관계가 더 가까우면, 이 균형의 결합은 정부의 구분으로 보충되어야만 한다. 왜냐하면 이런 경우 분할된 각 부분의 전체는 국민에게는 같은 권위를 유지할 수 있고, 주권자에 대한 그들의 권위는 약화되기 때문이다.

이 결함은 중간 역할을 하는 행정관을 임명함으로써 막을 수 있다. 정부를 분할하지 않고 그대로 둔 채, 행정관이 두 권력 사이의 균형을 잡고 그 권력을 각기 유지할 수 있도록 해 주는 역할을 하기 때문이다.

이런 것과 반대되는 결함도 같은 방법으로 제거할 수 있다. 다시 말하면 정부가 너무 허약할 때는 집정부를 만들어 정부의 힘을 집중시키는 것이다. 이것은 민주정치 국가에서는 흔히 쓰고 있는 방식이다.

첫 번째 경우는 정부의 힘을 약화시키기 위하여 정무를 분할하고, 둘째 경우는 정부의 힘을 강화하기 위해서 분할하는 것이다. 왜냐하면 극단적으로 강하거나 약한 정부는 똑같이 단일정부에서 나타나는 것이기 때문이다. 반대로 혼합 형태의 정부에서는 정부의 힘이 균형된 상태에 놓이게 되기 때문이다.

제8장 _ 모든 국가에 동일한 정부 형태가 접목되는 것은 아니다

자유는 모든 기후에서 열리는 과일이 아니다. 그러므로 모든 나라 국민이 자유를 받아들일 수 있는 것이 아니다. 몽테스키외에 의해 이룩된 이 원칙은 생각하면 생각할수록 진리라는 것을 알 수 있다. 이것을 인정하면 인정할수록 새로운 증거를 내세워 그것을 증명할 수 있는 기회가 생기기도 한다.

세계의 모든 정부에서 공적 인간은 소비만 하고 아무 것도 생산하지 않는다. 도대체 그가 소비하는 물건들은 어디에서 생기는 것일까? 그것은 그의 구성원들의 노동으로부터 생긴다. 공공의 필수품을 제공해 주는 것은 개인의 잉여물이다. 그러므로 시민국가는 개인의 노동이 그 개인의 필요 이상을 생산할 수 있는 동안만큼만 존속할 수 있다.

그런데 이 잉여의 양이 세계 모든 나라에서 동일한 것은 아니다. 어떤 나라는 그 양이 막대하고, 어떤 나라는 보통 정도이며, 어떤 나라는 부족하고, 또 어떤 나라는 전혀 없다. 이는 기후에 의한 토지의 비옥함의 정도, 토지가 요구하는 노동의 종류, 생산품의 성질, 주민의 힘, 주민이 필요로 하는 소비물의 많고 적음, 그리고 잉여물을 생산하는 다른 비슷한 여러 가지 조건들에 의해서 좌우된다.

또한 모든 정부는 그 성질이 같지 않다. 정부마다 소비하는 양의 차이가 있다. 이 차이는 또 다른 원칙에 기초를 두고 있다. 다시 말해 공공의 부담은 그 원칙에서 멀어질수록 무거워진다. 이 부담을 측정하려면 과세의 양을 잴 것이 아니라 세금을 납부한 사람의 손으로 그 세금이 다시 돌아가는 과정을 측정해야 한다.

이 순환이 신속하고 잘 이행되면 세금의 다소는 문제가 되지 않고, 국민은 항상 풍요하며 재정은 항상 순조로운 상태로 돌아가게 된다. 이와 반대로 국민이 아무리 적게 부담하더라도 그 액수가 국민의 손으로 돌아가지 않으면, 국민은 납부만 하게 되므로 재원을 탕진하게 된다. 그래서 국가는 절대로 부유해지지 못하고 국민은 항상 걸인이 된다.

따라서 국민과 정부의 거리가 멀면 멀수록 조세의 부담은 무거워진다. 따라서 민주정치 하에서는 국민의 부담이 가장 가볍고, 귀족정치하에서는 부담이 더 많아지며, 군주정치하에서는 가장 무거운 부담을 지게 된다. 그러므로 군주정치는 부유한 나라에 알맞고, 귀족정치는 부나 면적이 중간치의 나라에 적합하며, 민주주의는 작고 가난한 나라에 알맞다.

깊이 생각하면 할수록 다음과 같은 사실에서 자유국가와 군주국간에 차이가 있음을 볼 수 있다. 전자의 경우에서는 모든 것이 공공의 이익을 위해 사용된다. 그러나 후자의 경우에 공공의 힘과 개인의 힘이 상호관계를 이루고 있어서 한쪽이 커지면 다른 한쪽은 약해진다. 결국 독재정치는 국민을 행복하게 만들기 위해서 통치하는 것이 아니고, 국민을 불행하게 만들려고 통치하는 것이다.

따라서 각 국토의 자연조건이 그 나라에 요구되는 정부 형태를 결정한다. 그래서 우리는 자연조건에 따라 그 나라가 어떤 주민을 가져야 하는가를 말할 수 있다.

노동을 한 만큼 생산해 내지 못하는 불모의 땅은 경작되지 않은 채 남아 있거나 야만인들만이 살게 된다. 인간이 노동한 대가로 그에게 필요한 양만 정확하게 생산해 내는 땅에는 미개인들이 살 수 있는데, 이런 곳에서는 어떤 정치조직도 유지되기가 불가능하다.

노동에 대해 적당하게 생산이 초과되는 땅에는 자유민이 살기에 알맞다. 적은 노동의 대가로 많은 수확을 거두게 하는 풍요하고 비옥한 땅에는 국민의 과도한 잉여물을 군주의 사치로 소비해야 하므로 군주정치가 요청된다. 왜냐하면 이 잉여는 개인에 의해 낭비되는 것보다는 정부에 의해 흡수되는 편이 더 낫기 때문이다.

그러나 나는 예외가 있다는 것을 알고 있다. 그러나 예외 때문에 이 원칙은 더욱더 공고해진다. 왜냐하면 조만간 이 예외는 혁명을 초래하고, 혁명은 사물을 다시 자연의 질서로 돌아오게 하기 때문이다.

일반적 법칙은 그 결과에 변화를 주는 특수한 원인과 항상 구별되어야 한다. 남쪽은 공화국으로 들어차고 북쪽은 독재국가로 가득 찬다고 해도, 기후의 영향 때문에 독재정치는 더운 나라에 적당하고 야만주의는 추운 나라에 알맞으며, 온대지방에는 그 중간의 좋은 정치가 알맞다는 것은 어쩔 수 없는 사실이다.

이 원칙을 인정해도 이것을 적용하는 데는 이론적인 면모로 인한 어려움이 다소간 있으리라는 점을 잘 알고 있다. 매우 풍요로운 추운 나라가 있기도 하고, 불모의 남쪽 나라도 있다고 말하는 사람이 있을 것이다. 그러나 이것은 문제를 모든 견지에서 검토하지 않는 사람들만 부딪치는 어려운 점이다. 내가 이미 지적했듯이 우리는 노동, 체력, 그리고 소비관계들을 계산해야 할 것이다.

면적이 같은 두 지방이 있는데 한 곳은 5를 생산하고 다른 곳은 10을 생산했다고 가정하자. 전자의 주민이 4를 소비하고 후자의 주민은 9를 소비한다면 전자의 잉여생산은 5분의 1이고, 후자의 경우는 10분의 1이 된다. 따라서 이 두 곳의 잉여비례는 생산비례의 반대가 되고, 5를 생산한 땅은 10을 생산한 땅보다

두 배의 잉여가 생긴다.

그러나 이때 '두 배'라는 비례는 문제가 되지 않는다. 아무도 추운 나라의 비옥함이 더운 나라의 그것과 같다고는 생각하지 않을 것이다. 그러나 이것을 같다고 가정하자. 그래서 원한다면 영국과 시칠리아를 폴란드와 이집트를 같다고 해 두자. 더 남쪽으로는 아프리카와 동인도제도가 있으나 북쪽으로 더 가면 아무 것도 없다.

같은 양을 생산하자면 두 지역 간의 경작에 대한 어느 정도의 노력 차이가 있을까? 시칠리아에서는 땅을 좀 헤치기만 해도 되지만 영국에서는 얼마나 많은 수고가 들겠는가! 그러므로 같은 양을 생산하기 위해서 더욱 많은 손이 필요한 곳에서의 잉여는 필연적으로 더 적어지게 된다.

그뿐 아니라 같은 수의 사람이라도 남쪽에서는 소비가 훨씬 적다는 사실을 생각해야 한다. 왜냐하면 건강을 유지하기 위해서 기후도 절제를 요구하기 때문이다. 그런 곳에 가서 그곳 사람들처럼 살려는 유럽 사람들은 모두 이질과 소화불량으로 죽게 된다.

샤르댕은 "우리는 아시아 사람들과 비교할 때 육식

동물이고 늑대와 같다. 어떤 사람들은 페르시아 사람들의 절제를 그 나라가 경작이 덜 되었기 때문이라고 이야기하지만, 나는 반대로 페르시아에서 식료품이 적은 까닭은 주민들이 적은 양만을 요구하기 때문이라고 생각한다."고 말했다.

그는 덧붙여서 "그들의 검소한 식사가 그 나라의 부족한 식료품 때문이라면, 가난한 사람만 조금 먹으면 될 것이다. 그러므로 모두가 조금씩만 먹고 있는 것이다. 각 지방마다 토지의 비옥함에 따라 많이 먹거나 적게 먹을 텐데, 반대로 페르시아 왕국 전체에서 똑같은 절식이 시행되고 있다. 그들은 자기의 생활방법을 만족스럽게 생각하고, 그리스도교 국가의 사람들에 비해 자기들이 얼마나 잘 사는가를 알려면 안색만 보면 된다고 한다. 사실 페르시아 사람의 안색은 모두 한결같고, 피부는 아름다우며 곱고 윤이 난다. 반대로 그들의 지배를 받는 아르메니아 사람들은 유럽식으로 살고 있는데, 얼굴이 거칠고 농이 많으며, 몸은 비대하고 묵직해 보인다."고 했다.

적도에 가까이 갈수록 사람들은 적게 먹고산다. 그들은 육식을 거의 하지 않으며 쌀, 옥수수, 수수, 조

루소와 볼테르의 관계 손상됨
1755년 볼테르와 루소의 관계가 처음으로 손상됐다. 『인간불평등기원론』의 출판 후 제네바의 시민이 되었던 볼테르가 루소에게 심하게 비평하는 내용의 편지를 보냈다. "인류에 반대하는 당신의 새로운 책" 볼테르는 그 다음 그를 냉소적이고 인간을 싫어한다라고 했다. 이 일로 루소는 볼테르의 악의가 있는 편지에 강력한 내용의답신을 보냈다. 이 순간부터 둘의 관계가 악화되었다.

등이 일상적인 음식물이다. 하루에 식비가 1수우도 안 드는 사람들이 인도제도에는 수백만 명이 있다. 유럽 북부지방과 남부지방의 주민들의 식욕은 그와 상당한 차이가 있음을 우리는 잘 알고 있다.

스페인 사람은 독일인의 한 끼 저녁 식사로 일주일을 살 수 있을 것이다. 포식을 하는 나라에서는 음식에 사치를 하는 경향도 있다. 영국에서는 식탁에 고기를 가득 차려 놓고 이탈리아에서는 설탕과 꽃을 즐긴다.

의복의 사치도 또한 같은 차이점을 보여 준다. 계절의 변화가 급격하고 맹렬한 기후에서는 더욱 좋고 단순한 의복을 입는다. 장식용으로만 옷을 입는 곳에서는 의복의 효용성보다는 화려함을 찾게 되어 의복 자체가 사치이다.

나폴리에 가면 금으로 치장한 옷을 입은 사람들이 양말을 벗은 채 파실리페움 공원에서 산책하는 것을 볼 수 있을 것이다. 건물의 경우도 마찬가지이다. 대기의 피해를 무서워할 필요가 없는 곳에서는 화려하게만 꾸민다. 파리나 런던에서는 따뜻하고 편안하게 살기를 원한다. 마드리드에서는 대문은 잘 장식하고 있으나, 가려주는 창문도 없고 더러운 헛간 같은 데서 잠을 잔다.

더운 지방의 음식물은 훨씬 영양분이 많고 맛이 좋다. 이것은 세 번째 차이점인데 두 번째 차이점의 영향을 받지 않을 수 없다. 이탈리아에서는 왜 그토록 많은 야채를 먹을까? 그 까닭은 그곳의 야채가 좋고 양분이 많으며 맛이 뛰어나기 때문이다.

프랑스에서는 야채가 물만 먹고 자라기 때문에 양분이 적어 식탁에서는 거의 귀중하게 여기지 않는다. 그렇다고 이 야채들을 기르는 데 적은 땅을 사용하는 것도 아니며, 가꾸는 데도 역시 같은 수고가 드는 것이다. 바바리아 지방의 밀은 프랑스의 밀보다 질이 떨어지지만 프랑스 것보다 더 많은 가루를 내고, 프랑스 밀은 북부 유럽의 밀보다 더 많은 가루를 낸다는 사실을 경험에서 알 수 있다.

따라서 적도에서 북극 사이에서 같은 위도에 위치한 곳들에서는 일반적으로 비슷한 단계가 나타난다고 결론을 내릴 수 있다. 그러니 같은 양의 산물인데 보다 적은 음식밖에 얻지 못한다는 것은 분명히 불리한 노릇이 아니겠는가?

이런 여러 가지 고찰에 또 하나의 고찰을 덧붙여 이 고찰들을 공고히 하겠다. 더운 나라는 추운 나라보다 주민의 수가 적어야 하지만 추운 나라보다 더욱 많은 주민을 먹일 수 있으므로 두 배의 잉여가 생겨서 독재정치에 편의를 준다는 사실이다.

같은 수의 주민이 차지한 땅이 크면 클수록 반란을 일으키기는 더욱 어려워진다. 왜냐하면 이런 곳에서는 민첩하게 비밀리에 모일 수도 없고, 계획을 정부가 알아내고 통신을 차단하기가 용이하기 때문이다. 그러나 다수의 주민이 밀집해 있으면 있을수록 정부는 주권자의 권리를 빼앗기가 어려워진다.

다시 말하면 군주가 자기의 고문회의에서 안전하게 상의할 수 있듯이 우두머리들도 그들의 방에서 안전하게 협의할 수 있고, 군대가 병영에 집합하는 것처럼 신속하게 주민들도 광장에 모일 수 있다는 것이다. 그러므로 전제정부의 이점은 먼 거리에서 지배하는 데 있다. 전제정부는 자기가 정한 거점의 도움을 받아, 마치 지렛대처럼 멀리 떨어져 힘을 키울 수 있다.[39)]

정부가 멀리서 국민을 통치하려면 이와 반대로 국민의 힘이 밀집해 있을 때만 발휘될 수 있고, 국민이 흩어지면 마치 땅에 산산이 흩어진 화약이 한 알 한 알씩 불이 붙는 것처럼 발산하여 없어지고 만다. 따라서 인구가 가장 적은 나라가 전제정치에 적합하다. 맹수는 황야에서만 군림하는 법이다.

---

39) 이것은 내가 이미 제2부 제9장에서 큰 나라의 불편한 점에 관해 이야기한 것과 모순되는 것은 아니다. 왜냐하면 그곳에서는 정부의 권위와 정부의 구성원에 관해 이야기했고, 여기서 이야기하는 것은 정부의 힘과 그에 대항하는 국민의 힘에 관한 것이기 때문이다. 정부가 멀리서 국민을 통치하려면 사방에 흩어진 정부의 구성원은 지렛대의 거점 역할을 하지만, 정부가 이 구성원에게 직접 작용하려 할 때에는 이 거점이 없어진다. 따라서 이 두 가지 경우에서 보면 어떤 경우에는 지렛대의 길이가 길면 좋지만, 어떤 때는 더 약해지는 것이다.

제9장 _ 좋은 정부의 특징

사람들이 '가장 좋은 정부란 어떤 것인가' 라고 단호하게 묻더라도 그 질문은 막연하기 때문에 대답할 수 없다. 또는 사람들은 국민의 절대적 위치와 상대적 위치가 결합 가능한 수만큼 좋은 대답들이 있을 것이라고 말할지도 모른다.

그러나 어떤 정부에 맡겨진 국민이 '통치를 잘 받고 있는가 잘못 받고 있는가를 어떤 표징에서 알 수 있는가' 라고 묻는다면, 그것은 다른 문제이다. 그것은 사실상의 질문으로서 대답이 가능하다. 그렇더라도 이 문제는 사람마다 자기 방법으로 그 질문에 대답하고 싶어 하기 때문에 결국 실제로 대답될 수 없다.

군주국의 신하는 공공의 평화를 찬양하지만 민주국가의 시민은 개인의 자유를 찬양한다. 전자는 재산의 안전을 택하지만 후자는 개인의 안전을 택한다. 전자는 가장 좋은 정부는 가장 엄격한 정부라고 주장하지만, 후자는 가장 온화한 정부가 가장 좋은 정부라고 주장한다. 전자는 범죄를 징벌하기를 원하지만, 후자는 범죄의 예방을 원한다. 전자는 이웃 나라가 무서워할 정부를 바라지만, 후자는 다른 나라에 알려지지 않는 정부를 바란다. 전자는 화폐가 유통되는 것을 만족해 하지만, 후자는 국민이 빵을 갖기를 요구한다.

이상과 같은 점이나 또 다른 비슷한 점에서 의견이 일치된다 하더라도 문제 해결에 진전이 있을 수 있을까? 정신적 질량은 정확히 측정할 수 없기 때문에 어떤 징후에 대한 의견이 일치한다 해도 가치의 판단에 대한 의견의 일치는 있을 수 없지 않는가?

나로서는 사람들이 이와 같이 단순한 표징을 인정치 않는다는 사실에 늘 놀랐었고, 그것이 고의라는 점에 대해서 더 놀라고 있다. 정치 조직의 목적은 무엇인가? 그것은 구성원의 보존과 번영이다. 그렇다면 구성원의 보존과 번영의 가장 확실한 표징은 무엇인가? 그것은 그들의 수와 인구이다. 그러므로 그토록 논의가 분분한 이 표징을 다른 데서 찾으려고 하면 안 된다.

다른 모든 점들이 같다고 할 경우에, 외국의 원조나 귀화나 식민에 의하지 않고 시민이 늘어나고 더욱 증가된다면, 이런 정부가 곧 가장 좋은 정부이다. 시민이 줄고 멸망해 가는 정부는 가장 나쁜 정부이다. 그러므로 이제 계산하고 측정하고 비교하는 작업은 통계학자에게 맡기면 된다.[40)]

---

40) 사람들은 인류 번영의 관점에서 좋아할 만한 가치가 있는 세기가 어떤 것인가를 같은 원리로 판단해야 한다. 문학과 미술이 융성한 세기를 보고서 그 문화가 지닌 숨은 목적이 무엇인지도 모르고 그 문화의 치명적인 결과를 고찰하지도 않은 채, 사람들은 그 세기를 지나치게 찬양했었다. '무식한 사람들은 노예 상태의 시초인 것을 인도라고 불렀다.' (타기투스의 『아그리콜라』, 제21장) 우리가 책에서 좋은 교훈을 읽어낼 때 우리들은 그 작가가 비열한 이해관계 때문에 그런 글을 쓴 것이라고 한 번이라도 생각할 수 없을까? 그들이 무엇이라고 말하든 국가가 번창하는데도 인구가 줄어든다면, 모든 것이 잘 되고 있다고 말할 수는 없다. 어느 시인이 10만 루불의 연금을 받는다고 해서 그의 세기가 가장 좋은 세기라고 이야기할 수 없다. 국가를 지배하는 사람들의 외견상 평온이나 안정보다 국민 전체의 행복을 더욱 중시해야 할 것이다.→

→특히 인구가 많은 국가의 경우에는 더욱 그렇다. 우박이 몇 개 지방을 휩쓸어도 국민 정부가 기근에 빠지는 일은 드물다. 반란과 내란은 지배자들을 두렵게 하지만 국민을 정말로 불행하게 만들지는 않는다. 왜냐하면 국민들은 누가 폭군이 될 것인가를 두고 싸움이 일어나는 동안에 휴식을 취할 수 있기 때문이다. 국민의 항구적인 상태에서만 국민의 진정한 번영이나 재앙이 일어난다. 압제에 짓밟혀 있으면 모든 것이 멸망한다. 지배자들은 모든 것을 마음대로 파괴하고서, '고독을 만들어 두고 그것을 평화라 부르는 것이다.' (타키투스의 『아그리콜라』, 제21장) 프랑스 왕국에서 지배자들 사이에 대 난동이 일어나서 파리의 주교가 호주머니에 단도를 넣고 의회에 갔을 때에도, 이런 사건은 프랑스 국민이 정직하고 자유롭게 편안히 살면서도 행복하고 번영하는 것을 방해하지 못했었다. 옛날 그리스는 가장 참혹한 전쟁 속에서 번영했었다. 피가 시냇물처럼 흘러도 나라 전체는 사람으로 뒤덮였다. 마키아벨리는 "우리 공화국은 암살과 추방과 내란 속에서 더욱 강대해진 것 같다. 시민의 미덕, 도의심 그리고 독립성이 어떤 내란이 국가를 약화시킨 것 이상으로 국가를 강화한 것이다."라고 했다. 약간의 불안한 상태로 정신에 반발력을 주게 된다. 인류를 진실로 행복하게 만드는 것은 평화가 아니라 자유이다.

제10장 _ 정부의 월권과 타락하는 정부의 경향

개별적 의지가 끊임없이 일반의지에 역행하는 것과 같이 정부는 주권에 대항하기 위해 끊임없는 노력을 한다. 이 노력이 증가하면 할수록 정체는 더 나쁘게 변질되어 간다.

이런 경우 군주의 의지에 저항하여 군주의 의지와 균형을 유지하게 하는 분명한 단체의 의지가 없으므로 조만간 군주의 의지가 주권자를 억압하고 사회계약을 파기하는 것은 피할 수 없다. 이러한 파괴는 한 정체가 태어나면서부터 끊임없이 노려진다. 마치 노쇠와 죽음이 인간의 육체를 파괴하는 것과 같이 내재적이고 불가피한 악습이라는 것이다.

한 정부가 타락해 가는 두 가지의 일반적인 길이 있

는데 바로 정부가 통제를 강화할 때와 국가가 분해될 때이다. 다수에서 소수로, 다시 말해서 민주체제에서 귀족체제로, 또는 귀족체제에서 왕정으로 옮겨갈 때 정부의 통제가 강화된다. 그것은 지극히 자연스러운 경향이다.[41]

---

41) 베니스 공화국의 간석지에서 차차 형성되어 발전해 나간 과정은 이와 같은 계승의 뛰어난 예를 제공하고 있다. 그런데 1,200년이 지난 오늘날 베니스인들이 아직도 제2단계에 머물러 있다는 것은 놀라운 일이다. 이 단계는 1198년 '평화 의회의 폐쇄' 에서 비롯되었다. 그들이 비난받는 옛 대공들에 관해서 『베니스의 자유의 음미』라는 저서가 뭐라고 하든지 이들 대공이 베니스인들의 군주가 아니었다는 것은 증명된 적이 있다.
사람들은 필연코 로마 공화국의 예를 들어 나에게 반론할 것이다. 그들에 의하면 로마는 왕정에서 귀족정치로 그리고 귀족정치에서 민주정치로 옮겨가는 것으로 정반대의 과정을 밟아왔다. 나는 결코 그렇게 생각하지 않는다. 로물루스의 최초의 체제는 전제정치로 변질된 혼합정부였다. 신생아가 성인이 되기도 전에 죽는 것을 보는 것과 같이, 국가는 특수한 이유로 때 이르게 패망했다. 타르키니우스 왕족의 추방은 공화국 탄생의 참된 시기였다. 그러나 공화국은 최초의 안정된 형태를 갖추지 못했다. 왜냐하면 귀족계급을 폐지하지 않음으로써 과업의 절반밖에 성취하지 못했기 때문이다. 이렇게 계승된 귀족계급은 최악의 행정체제로 민주체제와 적대하였기 때문에 아직도 불확실하고 부동적이었던 정부 형태는 마키아벨리가 지적한 것과 같이 호민관이 수립됨으로 고정되었다. 이때에 참된 정부와 참된 민주정치가 태어났다.→

정부가 소수에서 다수로, 혹은 다른 방향으로 조치를 강구한다면 통제를 완화한다고 말할지도 모른다. 그러나 그런 반대 방향의 발전은 있을 수 없다.

정부의 힘이 소모되고 약해져서 본래의 형태를 유지할 수 없다면, 정부는 결코 형태를 바꾸지 않는다. 정부가 널리 확산됨으로써 통제력을 늦추게 되면 완전히 무력하게 될 것이며 더욱더 존속할 수 없게 될 것이다.

그러므로 정부가 통제를 완화하는 만큼 기구를 확립시키고 강화시켜야만 한다. 그렇지 않으면 정부가 받들고 있는 국가는 파멸할 것이다.

→ 그 후로 정부는 자연적인 흐름에 따라 귀족정치의 방향으로 기울어 갔다. 로마 귀족은 자연적으로 폐지됨으로 귀족계급은 베니스와 제노아에서 이와 같이 귀족체제를 이루지는 않았지만 그 대신 로마 귀족과 평민으로 구성된 원로원으로서, 그리고 호민관이 실제적인 권력을 가로챈 후로는 호민관제의 형태로 존속하였다. 말은 사실을 은폐하지 못한다. 국민이 자신을 대신해서 통치하는 지배자를 가지고 있을 때에는 이들이 어떤 이름으로 불리어지든 그것은 여전히 귀족정치이다. 귀족체제의 오류로 내란과 삼두정치가 태어났다. 실라, 케사르, 아우구스트는 사실상 왕이 되었다. 그리고 마침내 티베리우스 황제의 압제 하에 국가는 분해되었다. 따라서 로마사는 내 주장을 부인하는 것이 아니라 확립시켜 준다.

국가의 해체는 두 가지 방식으로 일어날 수 있다. 첫째로 군주가 국가를 법에 따라 통치하지 않고 주권자의 권력을 강탈할 때 두드러진 변화가 일어난다. 왜냐하면 정부가 아니라 국가 자체가 통제를 강제하기 때문이다. 말하자면 전체국가가 분해되고 새로운 국가가 형성된다. 그 결과로 오직 정부 관리들로만 구성되고 그들이 다른 모든 국민에게는 지배자와 폭군이 될 뿐인 정부가 이루어진다. 그리하여 정부가 주권을 강탈하는 순간 사회계약은 파기되고, 모든 일반 시민들은 법적으로 자연적 자유를 되찾지만 실은 복종하도록 강요당한다.

둘째로 정부 관리들이 모두 함께 행사해야만 할 권한을 각기 개별적으로 찬탈할 때 같은 상태가 일어난다. 이것은 범법행위 못지않은 것이며, 그보다 큰 혼란을 야기한다. 이렇게 되면 행정관의 수만큼의 통치자가 탄생하게 되고 정부에 못지않게 분열된 국가는 멸망하거나 형태를 달리하게 된다.

국가가 해체될 때 정부의 오류가 어떤 것이었든 '무정부'라는 공통된 이름으로 불리어진다. 구별하자면

몽루이에서의 평화
몽루이의 작은 집을 수리해 루소는 테레즈와 함께 이곳에서 생활했다. 루소가 방문객을 맞이하고 싶어했던 곳인 테라스에는 꽃과 나무와 돌이 놓였다. 자연 속의 평화가 있는 이곳에서 루소는 『신 엘로이즈』, 『사회계약론』, 『에밀』 등을 집필했다.

민주정치는 중우정치로 타락하고 귀족정치는 과두정치로 타락한다. 덧붙여 말하건대 왕정은 폭정으로 타락한다. 이 마지막 말은 모호한 것으로 설명이 필요하다.

일반적으로 이해되는 의미로 폭군은 폭력으로써 정당함과 법을 무시하고 통치하는 왕을 가리킨다. 정확한 의미로는 폭군은 정당한 자격 없이 왕권을 가로챈 자를 지칭한다. 그리스인들은 폭군(참주의 뜻임)이란 말을 이렇게 이해했었다. 그들은 좋은 왕이건 나쁜 왕이건 간에, 정당하지 않은 왕권을 가진 자들에게 이 이름을 붙였다.[42] 이렇듯 '폭군'과 '찬탈자'는 완전히 뜻이 같은 말이다.

나는 각기 다른 것들에다 다른 이름을 붙이기 위해

---

42) 이제까지 자유를 누리고 있었던 국가 내부에서 영구히 권력을 잡고 있는 자는 폭군이라 불리며 그와 같이 인정받게 된다. 아리스토텔레스가(『니코마코스 윤리학』, 제7권 10장) 폭군과 왕을 구별하는 데에서 전자가 그 자신의 이득을 위해 그리고 후자가 신하들의 이득을 위해 통치하는 점을 지적하고 있는 것은 사실이다. 그러나 다른 모든 그리스인들은 특히 크세노폰의 '히에론'에서 나타난 것과 같이 '폭군'이란 말을 다른 뜻으로 취하고 있을 뿐만 아니라 아리스토텔레스의 정의에서 결론지어지는 것은 개벽이래 단 한 사람의 왕도 존재하지 않았다.

왕권의 찬탈자를 '참주'라 부르고, 주권의 찬탈자를 '압제자'라 부른다. 참주는 법에 따라 통치하기 위해 법을 어기고 개입한 자이며, 압제자는 법 자체를 초월하는 자이다. 이렇듯 참주는 압제자가 아닐 수도 있지만 압제자는 항상 참주이다.

제11장 _ 정치체제의 멸망

가장 잘 구성된 정부의 자연적이고 불가피한 경향은 다음과 같다. 스파르타와 로마가 멸망했다면 어떤 국가가 영원히 존속하기를 바랄 수 있을까? 우리가 지속적인 기구를 구하기를 원한다면, 그것을 영원한 것으로 만들려고 하지 말자. 우리가 불가능한 것을 시도하지 않고, 인간이 하는 일에 인간사가 지니지 않는 견고함을 부여하지 않는다면 우리는 성공할 수 있다.

인간의 육체와 마찬가지로 정체체제는 태어나면서부터 죽기 시작하며, 그 자체에 파멸의 원인을 품고 있다. 그 체질은 좀 더 견실하거나 그렇지 못하고, 좀 더 오랫동안이나 좀 더 짧은 기간 동안 생존하기에 알맞은 체질을 가질 수 있다.

인간의 체질은 자연의 조화이지만 국가의 체질은 기교의 조화이다. 인간의 생명을 연장은 사람들에게 달려있지 않지만 국가의 생명의 연장은 인간에게 달려 있다. 국가가 갖출 수 있는 최선의 체질을 성취함으로써 가능한 한 국가의 생명을 연장시킬 수 있다는 것이다. 가장 잘 구성된 국가도 결국은 멸망한다. 그러나 어떤 불의의 사고가 그의 운명을 재촉하지 않는 한 그 국가는 다른 국가보다 오래 존속할 것이다.

정치생명의 원리는 주권에 있다. 입법권은 국가의 심장이고, 행정권은 다른 모든 부분을 움직이게 하는 두뇌이다. 두뇌가 마비된 후에도 개인은 살아남을 수 있다. 바보가 된 후에도 개인은 살아간다. 그러나 심장이 활동을 멈추면 생명체는 죽어 버린다.

국가가 존속하는 것은 법에 의해서가 아니라 입법권에 의해서이다. 지난날의 법은 오늘날에 있어서까지 구속력을 갖지 않는다. 그러나 침묵은 무언의 동의를 의미하는 것과 같이 주권자가 법을 폐기하지 않는다면 그는 그 법을 계속 인정하는 것으로 간주된다. 왜냐하면 폐기하려면 할 수도 있기 때문이다. 주권자가 일단 의지를 밝힌 모든 것은 그 자신이 폐기하지 않는 한 여전히 그의 의지로 남아 있다.

그렇다면 왜 옛 법이 그토록 존중되는 것일까? 엄격히 말해서 그것은 아주 오래된 것이기 때문이다. 옛날의 법들을 그토록 오랫동안 존속시킬 수 있었던 것을 사람들은 옛날 법들의 우월성 때문이라고 생각한다. 그러나 주권자가 그 법들을 계속 유용한 것으로 생각하지 않았다면 그 법들은 몇 번이고 폐기되었을 것이다.

이 점이 법이 약화되기는커녕 훌륭하게 구성된 국가에서 계속 새로운 힘을 갖게 되는 이유이다. 그래서 옛 것이라는 생각은 날이 갈수록 존경심을 더하게 만든다. 반대로 법이 노쇠함으로써 약화되어 가는 곳에는 입법권이 존재하지 않는다는 것이 입증되는 셈이다.

제12장 _ 주권이 유지되는 방법(I)

입법권을 가진 주권자는 다름 아닌 법에 의해서만 행동한다. 법은 일반의지의 정당한 행위이기 때문에 국민이 집합되었을 때 주권자는 행동할 수 있다. 집합된 국민! 얼마나 터무니없는 환상인가! 오늘날, 그것은 환상이다. 그러나 2천 년 전에는 그렇지 않았다. 사람들의 본성이 그토록 달라졌을까?

정신의 영역에서 가능성의 한계는 우리가 생각하는 만큼 협소하지 않다. 이 한계를 좁히는 것은 우리 자신의 나약함, 우리 자신의 결함, 우리 자신의 편견이다. 저속한 자들은 위대한 인간을 믿지 않는다. 천박한 노예들은 자유란 말을 조롱 섞인 미소로 대한다.

이미 이루어진 것에 견주어 이루어질 수 있는 것을

생각해 보자. 그리스의 옛 공화국에 대해서는 말하지 않겠다. 그러나 로마 공화국은 위대한 국가였으며, 로마시는 위대한 도시였다고 생각한다. 최후의 국세조사는 무기를 든 40만 시민을 기록하였고, 로마 제국의 최종 인구조사는 하인, 외국인, 여자, 어린이, 그리고 노예를 제외하고도 4백만 시민을 헤아렸다.

사람들은 도시와 그 주변에서 엄청난 수의 주민을 빈번히 소집하는 것은 틀림없이 어려웠으리라 짐작했을 것이다. 그러나 실제로 로마 국민을 집합하는 데는 며칠이 걸리지 않았다.

로마 국민은 주권뿐만 아니라 정부(통제)의 권한 일부까지도 행사했다. 그들은 어떤 종류의 사건들을 다루고 소송을 심판하였다. 공공의 집회에 모인 전 국민은 시민이자 행정관이었다.

국가의 초창기로 거슬러 올라가면 대부분의 옛 정부들은 마케도니아나 프랑크족의 정부와 같이 군주의 정부들까지도 비슷한 자문회를 가지고 있었다. 어쨌든 내가 내세워 부인할 수 없는 이 한 가지 사실은 우리의 문제에 해답을 준다. 존재한 것으로부터 가능할 것을 이끌어 내는 것은 좋은 결론으로 생각된다.

제13장 _ 주권이 유지되는 방법(Ⅱ)

의회를 이룬 국민이 법의 제정을 승인하여 국가를 구성하는 것은 단 한 번의 결정으로는 충분하지가 않다. 국민이 영속적인 정부를 세우거나 행정관의 선출을 단 한 번만 행하는 것은 부족하다는 것이다.

불의의 사건들로 인해 요청되는 비상회의 외에도 고정적이며 정기적인 회의가 있어야 한다. 이것은 어떤 이유로도 폐지되거나 연기될 수 없다. 그리하여 이 회의는 정해진 날에 법에 따라 정당히 소집되어야 한다. 이 소집을 위해 형식적인 통고 절차는 필요 없는 것이어야 한다.

그러나 정해진 날짜만으로도 합법적인 이 회의 이외의, 정당한 권한을 부여받은 담당관에 의해 소집되지 않은 모든 국민회의는 비합법적인 것으로 간주되어야 한다. 그 곳에서 결정되는 모든 사항은 무효로 인정되어야 한다. 왜냐하면 회의 소집의 명령은 법에 의거해야 하기 때문이다.

합법적인 회의가 다소 빈번해야 하는 것에 관해서 회의 빈도는 정확한 규칙을 미리 정할 수 없을 만큼 매우 많은 사태에 따라야 한다. 사람들은 정부가 강력하면 강력할수록 주권자는 더욱 빈번히 회의를 열어야 한다는 것을 일반적으로 말할 수 있다.

사람들은 이것을 한 도시를 위해서는 좋은 것일 수도 있다고 말할지도 모른다. 그러나 한 국가 안에 여러 도시가 있다면 어떻게 될까? 주권이 분할되어야 할까? 주권이 한 도시에 집중되고 나머지 지역을 예속시킬 것인가?

나는 그 어느 편도 안 된다고 대답하겠다. 첫째로 주권은 단일한 것이며, 파괴하지 않고는 분할할 수 없다. 둘째로 도시는 국가와 마찬가지로 다른 것에 예속되지 않아야 한다. 왜냐하면 정치 기구의 본질은 복종과 자유의 조화 속에 있는 것이며 '신하' 와 '주권자' 란 말은 그 개념이 '시민' 이라는 하나의 말에 결합되는 동일한 상관관계를 의미하는 것이기 때문이다.

나는 여러 도시를 한 나라로 결합시키는 것은 옳지 못한 일이며, 이 결합을 이루려고 할 때 자연적인 장애를 피할 수 있다고 자부하지 말아야 한다고 이야기한다. 작은 국가만을 원하는 자에게 대국의 횡포에 관해 불평하는 것은 아무런 쓸모가 없다. 그러나 옛날 그리스의 도시들이 대왕에 항거하였고, 최근에 폴란드와 스위스가 오스트리아 가에 저항했듯이 어떻게 소국이 대국에 저항할 만한 충분한 힘을 가질 수 있었겠는가?

국가를 온당한 한도로 축소시킬 수 없다면 한 가지 방법은 남아 있다. 수도를 인정하지 않고 정부를 번갈아 각 도시에 자리 잡게 하며, 그 곳에서 차례차례로 나라의 모든 주를 소집하는 방법이다.

영토 내에 골고루 인구를 분산시키고 동일한 권리를 펼쳐나가며 도처에 풍요와 활기를 나누어준다면 이로써 국가는 최대한 강력하고 잘 통치되는 나라가 될 것이다. 도시의 성벽들은 오직 시골집들의 잔해로써 이루어진다는 사실을 기억하라. 수도에서 높이 솟

아오르는 궁전을 볼 때마다 나는 온 나라가 오두막으로 화하는 것을 보는 것만 같다.

제14장 _ 주권이 유지되는 방법(Ⅲ)

국민이 합법적으로 의회를 구성할 때 정부의 모든 관할권은 중지된다. 행정권은 정지되며 가장 미천한 시민의 신분도 최고 행정관의 신분에 못지않게 성스럽고 불가침한 것이 된다. 왜냐하면 대표된 자가 몸소 나타날 때, 대표자는 존재하지 않기 때문이다.

로마에서 민회 중에 일어났던 소란의 대부분은 이 원칙을 몰랐거나 무시한 데서 연유되었다. 그때 집정관은 국민의 의장에 불과했고, 호민관은 단순한 대변자[43]였으며 원로원은 전혀 무의미한 존재였다.

군왕이 실제적인 상관을 인정하는, 혹은 인정해야만 했던 이 기간은 그들에게 항상 끔찍한 것이었으며, 한 정체의 방패이며 정부의 견제 세력인 국민의

회는 어느 시대를 막론하고 주권자들의 혐오의 대상이었다. 그러기에 이들은 시민들을 따돌리기 위하여 온갖 반대와 문제들을 일으키고 갖가지 약속을 했다.

시민들이 인색하고 비굴하고 소심하고 자유보다 휴식에 연연할 때 그들은 정부의 거듭되는 공작에 오래 견디지 못한다. 이렇게 됨으로써 저해세력은 계속 증가되어 마침내 주권은 소멸되고 말며 대부분의 국가는 앞당겨 무너지고 패망해 버린다.

그러나 주권자와 독재정부 사이에 중간 세력이 개입하게 된다. 이제 이 문제를 논할까 한다.

43) 영국 의회에서 이 이름에 부여하는 뜻과 대체로 흡사하다. 이러한 역할들의 유사성은 모든 법률이 정지되었음에도 불구하고 집정관과 호민관 사이에 갈등을 야기시켰을 것이다.

제15장 _ 대의원 또는 대표자

더 이상 공공봉사가 시민들의 주요한 관심사가 되지 않고, 그들이 자신의 신분보다 재물에 힘을 기울이게 되면 국가는 멸망에 이르게 된다. 전쟁터에 나가야 할 때 사람들이 군대를 고용하여 대신하게 하고 자신들은 집에 머무르며, 회의에 나가야 할 때 그들은 대의원을 지명하고 집에 머무른다. 태만과 금전 때문에 그들은 군인들을 고용하여 조국을 예속시키고 대표자를 선정하여 조국을 팔아넘긴다.

상업과 예술의 난립, 이득에 대한 탐욕, 나태와 안락의 욕망, 이것들은 개인적 봉사를 돈으로 바꾼다. 사람들이 이익의 일부를 양보하는 것은 마음대로 이것을 증가시키기 위해서이다. 이와 같이 돈을 사용해 보라. 그러면 곧 속박을 당하게 될 것이다.

금전이란 말은 노예들의 말이다. 그것은 도시국가에서는 모르는 말이다. 진실로 자유로운 국가에서 시민들은 모든 것을 그들의 두 팔로 하며, 아무 것도 돈으로 하지 않는다. 그들의 의무를 면제받기 위해 돈을 내기는커녕 오히려 자신의 의무를 다하기 위해 돈을 낼 것이다.

나의 생각은 일반적인 것과는 거리가 멀다. 노동은 세금보다 자유에 덜 어긋나는 것이라 믿는다. 국가가 잘 구성되면 될수록 시민들의 정신 가운데 공적인 일이 사적인 일보다 우선한다. 뿐만 아니라 사적인 일은 그 수가 훨씬 적다. 왜냐하면 전체 행복의 총화가 각 개인의 행복보다 훨씬 큰 비중을 차지하는 만큼 개인은 개별적인 배려 가운데 추구할 것이 적기 때문이다.

훌륭하게 조직된 국가에서의 개인은 국민의회에 달려가 참여한다. 나쁜 정부에서는 그곳에 가기를 좋아하는 사람을 찾아볼 수 없다. 왜냐하면 아무도 거기서 일어나는 일에 관심이 없고 사람들은 일반의지가 지배하지 않으리라는 것을 예상하며, 결국 집안일에 몰두해 버리기 때문이다.

훌륭한 법은 더욱 훌륭한 법을 만들게 하고, 나쁜 법은 더욱 나쁜 법을 만들게 한다. 누군가가 국사에 관하여 '그게 무슨 상관인가?' 라고 말하는 순간, 그 국가는 목숨을 다한 것으로 간주되어야 한다.

조국애의 약화, 개인적 이익의 추구, 국가의 팽창과 정복, 정부의 월권 등은 국민의 회의에서 대의원 또는 대표자의 방식을 고안하게 하였다. 이것은 몇몇 국가에서 감히 제3계층이라 부르는 것이기도 하다. 이렇듯 두 계층의 개인적 관심사는 1위와 2위에 두었고, 공적 관심사는 3위를 차지할 뿐이다.

주권은 양도될 수 없다는 것과 같은 이유에서 대변될 수 없다. 그것은 본질적으로 일반의지로써 성립된 것으로 대체 불가능한 것이다. 그것은 그 자체이거나 다른 것일 수밖에 없다. 그 중간은 있을 수 없다. 따라서 국민의 대의원은 국민의 대표자도 아니며 될 수도 없다. 그들은 국민의 심부름꾼에 불과하며 어떠한 것도 결정적으로 매듭지을 수 없다.

국민이 직접 인정하지 않은 법은 무효이다. 그것은 법이 아니다. 영국 국민은 자유롭다고 생각하고 있

『에밀』 금서처분 됨

1762년 루소가 50세 되는 해 5월 말 『에밀』을 출판했으나 금서처분되고 체포령이 내려졌다. 에밀이 금서처분된 결정적 부분이라 알려지고 있는 "Profession de foi du vicaire Savoyard"는 교회의 권위와 성서에 대항하며 교리를 논박하고 있다.

다. 그러나 그들은 크게 착각하고 있다. 그들이 자유로운 것은 오직 의회의 대의원을 선출할 때뿐이며, 일단 선출이 끝나면 그들은 노예가 되고 존재하지 않게 된다. 그들이 자유를 누리는 짧은 기간 동안에 그 자유의 행사는 진짜 자유를 상실하는 주된 원인으로 작용한다.

대표자의 개념은 근대적인 개념이다. 그 개념은 봉건 정부로부터, 다시 말해 사람이라는 이름으로 더럽혀지고 인류가 타락했던 사악하고 불합리한 봉건체제에서 우리에게 왔다. 고대 공화국, 나아가서 왕정하에서도 국민은 대표자를 갖지 않았다. 그런 이름은 알려지지도 않았다.

호민관이 신성한 것으로 여겨졌던 로마에서 그들이 국민의 권한을 가로챌지도 모른다고 상상조차 하지 않았다는 것, 그리고 그처럼 많은 호민관들 중에 독단적으로 단 한 번만이라도 국민투표를 생략하려고 시도한 일이 없었다는 것은 참으로 신기한 일이다.

그러나 사람들은 대부분의 시민들이 지붕 너머로 투표지를 던지던 때인 그라큐스(로마의 명문)시대에 일어났던 일에서 군중들이 가끔 일으켰던 혼란을 판단해 볼 수 있다.

권리와 자유가 전부인 곳에서는 불편 같은 것은 문제가 되지 않는다. 이 현명한 국민에 의해서 모든 것은 제 틀에 맞게 조절되었다. 그들은 경사들에게 호민관이 감히 하지 못할 일을 하게 하였으며, 경사들이 그들을 대신하려고 나서지나 않을까 하는 두려움도 없었다.

그러나 호민관들이 때때로 그들을 대표하게 된 연유를 설명하기 위해서는 정부가 어떻게 주권자를 대표하게 되는가를 이해하는 것으로 충분하다. 법은 오직 일반의지의 선언인 만큼 입법권에서 국민이 대표될 수 없다는 것은 명백한 일이다. 그러나 법의 적용에 불과한 행정권에서는 국민은 대표될 수 있고, 또 대표되어야 한다.

면밀히 고찰해 볼 때 이 사실은 법을 가지고 있는 국민은 거의 없다는 것을 말해 준다. 어쨌든 호민관들은 행정권에 전혀 가담하지 않았으므로 로마 국민을 대표할 수 없었다. 그러나 원로원의 권리를 침해함으로써 그렇게 했다.

그리스인들의 경우 그들이 해야 할 모든 일은 그들 자신이 하였고, 끊임없이 광장에 집합하곤 했다. 그들은 온화한 기후 속에서 살았고 탐욕스럽지 않았다. 노예들은 자신의 일을 하였고, 국민의 가장 큰 관심사는 자유였다.

같은 이점을 가지고 있지 않은데 어떻게 같은 권리가 보존될 수 있겠는가? 당신들의 보다 가혹한 기후는 더 많은 것을 당신들에게 요구하며,[44] 1년 중 6개월 동안은 광장을 사용할 수도 없고, 당신들의 말은 야외에서 잘 들리지 않으며, 당신들은 자유보다 생업에 더욱 열중하게 되고, 가난보다 노예가 됨을 덜 두려워하게 된다.

'자유란 노예의 뒷받침으로써만 유지될 수 있다고?' 그럴지도 모른다. 두 극단은 서로 맞닿는다. 자연 속에 있지 않은 모든 것은 각기 불편을 갖는다. 문명사회는 다른 어떤 것보다도 더욱 그러하다. 사람이

44) 한대지방 국가에서 동양인들의 사치와 나태를 채택하는 것은 그들의 속박에 스스로 얽매이기를 원하는 것이 된다. 그것은 그들보다 한층 더 필연적으로 그 속박에 예속되는 것이 된다.

타인의 자유를 침해함으로써 자신의 자유를 보존할 수 있는 불행한 경우가 있고, 노예가 극단적으로 노예일 때 비로소 시민이 완전히 자유를 누리는 그런 불행한 경우가 있다. 스파르타의 경우가 그러했다.

현대의 국민인 당신들은 노예를 가지고 있지 않다. 그러나 당신들이 곧 노예이다. 당신들은 자신의 자유로써 노예의 자유의 값을 치르고 있다. 당신들이 이와 같은 선택을 자랑해 보아도 소용없다. 나는 그 곳에서 인간성보다 오히려 더 많은 비굴성을 본다.

이렇게 말하는 것이 노예를 가져야 한다거나 노예를 가질 권리가 정당하다는 의미는 아니다. 나는 그 반대의 것을 입증한 셈이다. 나는 자유롭게 생각하는 현대의 국민이 무엇 때문에 대표자를 갖게 되었고, 왜 고대인들은 대표자를 갖지 않았는지 그 이유를 말하는 것뿐이다. 어쨌든 한 국민이 대표자를 갖게 되는 순간 그들은 자유를 잃고 존재하지 않게 된다.

모든 것을 검토해 볼 때, 국가가 아주 작은 것이 아니라면 주권자가 우리 사이에서 권리의 행사를 견지해 나간다는 것이 가능하다고는 생각되지 않는다. 그 대신 매우 작은 국가라면 그 국가는 삼키어지지 않겠는가? 아니다. 나는 앞으로[45] 대국민의 외적인 힘을 소국의 간편한 통제, 훌륭한 질서와 결합시킬 수 있는가를 제시해 보겠다.

45) 이것이 곧 뒤이어서 내가 전개하려고 기도했던 것이다. 그렇게 했더라면 외부와 관계를 논함으로 연방국가의 문제를 다루게 되었을 것이다. 이것은 전혀 새로운 주제로 그 원리는 장차 규명되어야 할 것이다.

제16장 _ 정부의 기구는 계약이 아니다

입법권이 확립되면 행정권 또한 확립되어야 한다. 왜냐하면 특별한 행위로서만 작용하는 후자는 전자의 본질과 다르고 그 자신이 행정권을 갖는 것이 가능하다면, 법과 행정은 너무나 혼동되어 더 이상 법과 법이 아닌 것을 구분할 수 없게 된다. 이와 같이 악용된 정치기구는 금지하려고 마련된 그 폭력에 의해 사로잡히기 때문이다.

모든 시민은 사회계약에 의해 평등하므로 해야 할 일을 명할 수 있다. 그 대신 자기 자신이 하지 않는 것을 남이 하도록 요구할 권리는 없다. 왜냐하면 정부를 설립할 때 주권자가 군주에게 주는 것은 정치체에 생명과 활력을 주기 위해 절대적으로 필요한 권리

『에밀』과 『사회계약론』 금서처분됨

1762년 6월 에밀의 금서처분으로 루소는 쉬스베르누 공화국으로 도망간다. 제네바에서도 『사회계약론』과 『에밀』이 금서처분되었다. 7월 스위스를 떠나 프러시아 왕의 영지인 평화로운 마을 모티에로 가 스코틀랜드의 세습군주 대공령의 총독인 조지 키스의 보호를 받았다.

이다.

몇몇 이론가들은 이 정부 수립의 행위가 국민과 국민이 스스로 택한 행정수반 사이의 계약이라고 주장했다. 그들은 양자 사이에서 한 쪽이 명령을 내리는 의무를, 다른 한 쪽이 복종하는 의무를 갖는 그런 조건을 규정지은 계약이라고 말했다. 나는 이것이 교묘한 계약 방식이라는 것에 사람들이 동의할 것이라고 확신한다. 그러나 과연 이와 같은 의견이 받아들일 만한 것인지 검토해 보자.

첫째로 주권은 양도될 수 없고 변경될 수도 없다. 그렇게 하는 것은 그것을 파괴하는 것과 같다. 주권자가 상위의 사람을 스스로 갖는다는 것은 부조리하고 모순된 일이다. 지배자에게 복종할 의무를 스스로 갖는 것은 완전한 자유 속에서 자신을 내놓는 것이 된다. 뿐만 아니라 국민과 특정한 사람들 사이의 이 계약은 틀림없이 특수한 결정이다. 그러므로 이 계약은 법도, 주권에 의한 행위도 아니다. 따라서 이 계약은 부당한 것이 된다.

또한 계약 당사자들이 오직 자연법 아래 있을 뿐 그들에게 상호 협약의 아무런 보증도 없다는 것을 알 수 있다. 이러한 것은 시민의 신분으로 타기할 일이다. 힘을 쥐고 있는 자가 항상 집행의 주도권을 갖고 있는 만큼 '나는 당신이 원하는 것만큼 나에게 돌려준다는 조건하에 당신에게 모든 것을 준다.' 이렇게 말하는 사람의 행위에 차라리 계약이라는 이름을 붙이는 것이 좋을 것이다.

국가에는 단 하나의 계약이 있을 뿐이다. 그것은 결합의 계약이다. 오직 이것만이 다른 모든 것을 거부한다. 이 계약의 침해가 아님과 동시에 공적인 다른 어떤 계약은 상상할 수 없을 것이다.

제17장 _ 정부의 기구

그렇다면 우리는 어떤 개념의 용어로 정부가 설립되는 행위를 이해할 수 있을까? 먼저 지적할 것은 이 행위는 복합적인 것이거나 다른 두 행위, 즉 법의 제정과 법의 집행으로 구성되어 있다는 사실이다.

첫 번째 행위에 의해서 주권자는 어떤 형태로 정부가 수립될 것인가를 지시한다. 이 때 이 행위가 법이 된다는 것은 명백하다. 두 번째 행위에 의해서 국민은 수립된 정부를 맡을 장들을 임명한다. 그런데 이 임명은 개별적인 행위인 만큼 제2의 법은 아니며, 다만 최초의 법의 연속선상에 있는 정부의 한 기능이다.

어려운 문제는 정부가 존재하기도 전에 어떻게 정부의 행위가 있을 수 있는가와 주권자 또는 예속자일 수밖에 없는 국민이 어떤 상황에서 어떻게 통치자 또는 행정관이 될 수 있는가를 이해하는 일이다.

이곳에서 다시 한번 정치체의 한 가지 놀라운 속성을 발견할 수 있다. 정치체는 표면적으로 모순되는 조작을 조화시켜 나간다. 우리가 제기한 문제에서 정치체의 조작은 주권행위에서 민주체제로 갑작스럽게 전환하는 것으로 이루어진다. 그리하여 어떤 특별한 변화도 없이 국민 상호 간의 새로운 관계에 의해 행정관이 된 시민은 일반적 행위에서 특수한 행위로, 그리고 법에서 집행으로 옮겨간다.

이 관계의 변화는 실제로 예를 찾아 볼 수 없는 헛된 이론과 헛된 상상이 아니다. 그것은 영국의 의회에서 매일같이 일어나는 일이다. 그곳에서 어떤 경우에는 하원이 사건을 보다 신중히 검토하기 위하여 대위원회로 바뀌며, 주권의 장으로부터 단순한 위원회가 되기도 한다. 그리하여 대위원회로서 결정지은 사항에 대하여 하원으로서 그 자신에게 보고하며, 다른 형태에서 이미 결론을 내린 문제를 다시 한번 새로운 형태에서 토의한다.

일반의지의 단순한 행위로 실제로 수립될 수 있는

민주적 정부의 특유의 이점은 이러한 것이다. 그 후에 이 임시정부가 그것을 바로 채택한다면 그대로 남을 것이고, 그렇지 않으면 법으로 규정된 정부를 주권자의 이름으로 수립한다. 이렇게 하면 이것들 모두는 도리에 어긋남이 없다.

정부를 수립할 때에는 위에서 제시한 원리를 제외한 다른 어떠한 합법적인 방식도 있을 수 없다.

제18장 _ 정부의 월권을 방지하는 방법

지금까지의 논의와 제6장의 내용을 확인하는 의미에서 정부를 수립하는 행위는 계약이 아니라 법이라는 것, 행정권의 수탁자는 국민의 지배자가 아니라 관리자라는 것, 국민은 그들을 원할 때 임명하고 퇴임케 할 수 있다는 것, 관리로서는 계약을 맺는 것이 아니라 복종하는 것이 문제이며, 국가가 그들에게 위임한 책무를 맡음으로써 시민의 의무를 다하고 있을 뿐, 그 조건에 대해서 왈가왈부할 권리는 전혀 없다는 결론이 내려진다.

따라서 국민이 전승되어 온 정부를 세울 때 한 왕가에 의해 지속되는 군주정부이건 시민의 한 계층으로 지속되는 귀족정부이건 간에 그것은 국민이 맺은 협약이 아니다. 그것은 행정부에 부여하는 임시적인 형태로 국민이 다른 형태를 규정지을 때까지만 존속한다.

이와 같은 변경이 항상 위험하다는 것은 사실이다. 정부가 전체 이익과 부합되지 않을 때에 한해서 이것에 손을 대야 한다는 것 또한 사실이다. 그러나 이와 같은 신중성은 정치적인 준칙은 될지언정 법률적인 규칙은 아니다. 그리하여 국가는 마치 군사권을 장군에게 내맡겨서는 안 되는 것과 같이 시민권을 행정관들에게 내맡겨서는 안 된다.

그러한 경우 정당하고 합법적인 행위와 선동적인 소란, 그리고 전 국민의 의지와 일부 도당들의 요구를 구분하기 위하여 필요한 모든 형식을 아무리 신중히 지킨다고 해도 지나치지 않다는 것은 사실이다. 특히 엄밀한 법의 테두리 안에서 추잡스러운 경우를 거부할 수 없는 것만을 인정해야만 하는데, 주권자는 이와 같은 의무를 크게 이용하여 국민의 의지를 무시하고 권력을 보존하면서도 그것을 가로챘다는 말을 듣지 않을 수도 있다.

왜냐하면 정당한 권리만을 사용함으로써 이 권리를 확대시키는 것은 매우 용이한 일이며, 국민의 평안을 구실 삼아서 올바른 질서를 재건할 임무를 지닌 국민의 회의를 방해하기란 아주 쉬운 일이기 때문이다. 그리하여 그는 깨뜨리지 못하는 침묵과 사람들이 그가 범하도록 내버려두는 범법사실을 이용하여 한편으로는 두려움으로 침묵하는 자들의 고백을 자신에게 유리하게 해석하고 한편으로 말하는 자를 벌한다.

이와 같은 방식으로 처음에는 1년의 기한으로 선출된 십인관이 1년을 다시 연장한 끝에, 마침내 국민의 회의 집회를 허용하지 않음으로써 그것을 종신직으로 만들려고 시도했다. 세계의 모든 정부가 일단 공적인 힘을 위임받자마자 조만간 국민 주권을 가로챘던 일은 이와 같은 방법에 의해서였다.

앞에서 말했던 정기적인 국민의회는 이러한 불행을 방지하거나 지연시키는 데 적합하다. 특히 국민의회가 형식적인 소집을 필요로 하지 않을 때에는 더욱 그러하다. 왜냐하면 주권자는 공공연히 법의 위반자 또는 국가의 적이 되지 않고서는 이것을 방해할 수 없기 때문이다.

오직 사회협약의 유지만을 목표로 삼는 이 의회의 개최는 언제나 두 가지 제안으로 진행되어야 한다.

이것은 결코 폐지할 수 없으며 각각 분리해서 표결에 붙여져야 한다.

첫째, '주권자는 정부의 현 형태를 존속시킬 것을 원하는가.'

둘째, '국민은 행정을 현재 위임받은 자들에게 그대로 맡길 것을 원하는가.'

내가 여기서 전제하고 있는 것은 이미 밝힌 내용으로 믿는다는 것이다. 국가에는 취소될 수 없는 어떠한 기본법, 나아가서는 사회계약이 없다는 것이다. 왜냐하면 시민들이 만장일치로 이 계약을 취소하기 위해 모였다면, 지극히 합법적으로 취소되었음은 의심의 여지가 없기 때문이다.

호로티위스는 각 개인은 자기가 속해 있는 국가를 포기할 수 있고, 나라 밖으로 나감으로써[46] 자연적 자

46) 물론 자신의 의무를 피하기 위해 그리고 조국이 우리를 필요로 할 때 조국에 대한 봉사를 회피하기 위해 떠나는 것은 아니다. 이때의 도피는 죄악이고 마땅히 벌을 받아야 할 것이다. 그것은 퇴거가 아니라 탈영이다.

유와 재산을 다시 취할 수 있다고까지 생각했다. 하나로 합쳐진 모든 시민이 각기 개별적으로 할 수 있던 것을 할 수 없게 된다면, 그것은 불합리한 일이 될 것이다.

Chapter 4

그 자체의 본질로 전원 일치의

동의를 요구하는 법은 단 하나밖에 없다.

그것은 사회협약이다.

왜냐하면 시민적 협동은 가장 자발적인 행동이기 때문이다.

모든 사람은 자유롭게 태어나 스스로를 다스리고 있는 만큼,

어느 누구도 어떤 구실로도 그의 동의 없이는

그를 예속시킬 수 없다.

제1장 _ 일반의지는 파기될 수 없다

결합된 여러 사람들이 스스로를 한 덩어리로 생각하고 있는 한, 그들은 공동의 보존과 전체의 복지에 부합하는 단 하나의 의지만을 가지고 있다. 그때 국가의 모든 기구는 강력하고 단순하다. 그 원리는 명확하고 총명하므로 뒤얽히고 모순된 이해관계란 있을 수 없다.

공동의 이익은 어느 곳에서나 명백하게 드러나므로 그것을 인식하기 위해서는 양식만이 필요할 따름이다. 평화, 단결, 그리고 평등은 정치적 기교와는 반대되는 것이다. 강직하고 단순한 사람은 그들의 단순성으로 인해 기만하기가 어렵다. 술책이나 교묘한 구실들은 그들에게 먹혀들지 않는다. 그들은 기만을 당할 만큼 섬세하지도 못하다.

이 지상의 가장 행복한 백성들로 한 무리의 농부들이 떡갈나무 아래에서 국가를 결정짓고 항상 현명하게 행동하는 것을 볼 때, 비록 많은 기술과 능력으로 널리 이름을 떨치나 그들 자신의 기교로 인해 몰락하는 다른 나라들을 어찌 멸시하지 않을 수 있겠는가?

이렇게 통치되는 국가는 극소수의 법률을 필요로 한다. 새로운 법률을 제정할 필요가 생길 때 그 필요성은 모든 사람에 의해 늦어지게 된다. 새로운 법률을 처음으로 제안하는 사람은 모든 사람들이 이미 느낀 것을 말한 것에 불과하다. 자기와 같으리라는 확신이 생기자마자, 각자 채택하기로 이미 결심한 것을 통과시키기 위해서는 술책과 웅변이 전혀 필요하지 않게 된다.

이론가들을 착각에 빠뜨리는 것은 그들이 초창기부터 잘못 구성된 국가들만을 보아왔기 때문에 국가 안에 이와 같은 질서를 유지하는 것은 불가능하다고 믿는 것이다. 그들은 교묘한 협잡꾼이나 감언이설을 논하는 자가 파리나 런던 시민들까지도 속아 넘어가게 할 수 있다는 어리석은 수작을 상상하며 비웃는다.

그러나 그들은 크롬웰[47]이 베르느의 시민에 의해 견제당하고, 보포르 백작[48]이 제네바 시민들에 의해 징계를 받을 수 있었다는 것을 모른다. 하지만 사회적 유대가 해이해지고 국가가 쇠약해지기 시작하면 개별적인 이해관계가 생겨나고, 소사회들이 대사회에 영향을 미치기 시작하면 공공의 이익이 변질되고 반대자와 마주치게 되며, 투표에서 만장일치는 더 이상 이루어지지 않고, 일반의지는 만인의 의지가 될 수 없으며, 반대 의견과 토론이 고개를 들고, 최선의 의견도 논쟁 없이는 받아들여지지 않게 된다.

마침내 패망을 앞에 둔 국가가 가공적이며 공허한 형태로 존속하고, 사회적 유대가 모든 사람의 마음속에서 무너지며, 가장 추악한 이기심이 뻔뻔스럽게도 공공이익이라는 성스러운 이름으로 가장할 때, 일반의지는 침묵을 지키게 되고 은밀한 동기에 좌우되는

47) Cromwell 1599～1658 : 영국의 정치가이며 혁명가이다.

48) Beaufort 1616～1667 : 앙리 4세의 손자로 프롱드난의 주동자 중 한 사람이다.

루소, 마을의 삶을 발견함

모티에에서 루소는 그의 대부분의 시간을 파리 대주교 크리스토프 보몽에 대한 변박서에 할애했다. 또한 상당한 시간을 마을 사람들과 함께 산책하거나 대화했고, 『에밀』을 보완하는 데 보냈다.

모든 사람들은 마치 국가가 존재하지 않는 것처럼 더 이상 시민으로서 의견을 진술하지 않게 된다. 그리하여 특정한 이익만을 목표로 삼는 부정한 법령이 법의 이름 아래 부당하게 통과된다.

일반의지가 소멸되거나 손상된다는 것이 이 사실로 결론 내려질까? 그렇지는 않다. 일반의지는 항상 영속적이며 변함이 없고 순수하다. 그것은 더욱 강력한 다른 의지들에 종속되었을 뿐이다. 사람들은 각기 자신의 이익을 공동 이익으로부터 분리시켰지만 이것들을 전적으로 갈라놓을 수 없다는 것을 잘 알고 있다.

자기가 소유하려는 자신만의 이익만을 비추느라 공적인 해에 대한 자신의 몫을 알아채지 못할 뿐이다. 이 개별적인 이익을 제외하면 그는 자신의 이익을 위하여 다른 어떤 것 못지않게 전체 이익을 바라고 있다. 그는 심지어 돈을 받고 자기의 표를 팔 때에도 자기 안의 일반의지를 소멸시키지는 않는다. 그는 그것을 피할 따름이다.

그가 범하는 과오는 질문의 양식을 바꾸어 사람들

이 요구하는 것과는 다른 답을 하는 것이다. 그리하여 그의 투표에 의하여 '어떤 의견이 채택되는 것은 국가에 유익하다.' 라고 말하는 대신 '그것은 … 어떤 사람 또는 어떤 특정한 정당에 유익하다.' 라고 말하게 된다. 이렇듯 회의에서 공적질서의 법은 일반의지를 유지시키는 것에 목적을 두기보다는 오히려 항상 일반의지가 문의되고 일반의지가 답을 내리도록 하는 데 있다.

여기서 나는 모든 주권 행사에서 투표의 단순한 권리, 어떠한 것도 시민들로부터 빼앗아갈 수 없는 이 권리, 그리고 정부가 그 구성원들에게만 허용하도록 항상 전념하는 의견을 말하고, 제안하고, 구분하고, 토론하는 권리에 대하여 많은 고찰을 해야 할 것이다.

그러나 이 중요한 문제를 위해서는 별도의 논문이 필요할 것이며, 이 한 권의 책에서 모든 것을 논할 수는 없다.

제2장 _ 투표

국가의 공적인 일들이 처리되는 방식은 그 나라의 도덕적 성격과 정치체제의 건전성의 상태를 측정하는 매우 확실한 지표가 될 수 있다. 회의에서 의견의 일치가 이루어지면 이루어질수록, 다시 말해 의견들이 만장일치에 접근하면 접근할수록 그만큼 더 일반의지가 지배적인 입장에 위치한다는 것이기 때문이다. 그러나 기나긴 토론, 분열, 그리고 소란은 개별적 이기심의 지배와 국가의 몰락을 예고한다.

구성에 있어서 하나 이상의 여러 계층이 참여하였을 때 이는 그리 명백하지는 않다. 로마에는 귀족과 평민이 있었는데 이들의 싸움은 로마 공화국의 전성시대에는 빈번히 국민의회를 어지럽혔던 것이다.

그러나 이와 같은 예외는 실제적인 것이라기보다 오히려 표면적인 것에 불과하다. 왜냐하면 이 경우 실제적인 것은 정치체제에 내포된 결함이기 때문이다. 말하자면 한 국가 안에 두 국가가 있는 것이다.

양측에 다 같이 진실되지 못한 것은 각기 한쪽에는 진실이 된다. 사실 원로원이 이에 관여하지 않았을 때, 가장 소란스러웠던 시대에도 로마 평민회의 결의는 항상 평온하게 그리고 압도적인 절대다수로써 진행되었다. 시민들이 단 하나의 이익을 추구했기 때문에 단 하나의 의지를 가지고 있었다.

반대의 다른 국가에서도 만장일치가 다시 살아난다. 그것은 예속상태에 빠진 시민들이 자유도 의지도 행사할 수 없는 경우이다. 이 때 두려움과 아첨은 투표를 갈채에 의한 만장일치로 바꾸어 놓는다. 이제 토의는 사라지고 찬양이나 저주가 있을 뿐이다. 이러한 것은 황제들 밑에서 원로원이 의견을 제시하는 추악한 방식이었다. 이것은 가끔 우스꽝스러운 조심성으로 이루어지기도 하였다.

타키투스가 전하기를 오토 황제 밑에서 원로원들은 혹시나 그가 지배자가 될 경우에라도 각기 그들이 무는 말을 했는가를 알지 못하도록 비텔리우스 황제[49]를 저주하면서도 동시에 요란한 소음을 내어 가장했다고 한다.

이러한 여러 가지 고찰은 일반의지가 얼마나 알기 쉬운 것인가, 그리고 국가가 얼마만큼 기울어져 있는가에 따라서 투표의 수를 계산하고, 의견을 비교하는 것을 결정해야 한다는 원칙을 떠오르게 한다.

그 자체의 본질로 전원 일치의 동의를 요구하는 법은 단 하나밖에 없다. 그것은 사회협약이다. 왜냐하면 시민적 협동은 가장 자발적인 행동이기 때문이다. 모든 사람은 자유롭게 태어나 스스로를 다스리고 있는 만큼, 어느 누구도 어떤 구실로도 그의 동의 없이는 그를 예속시킬 수 없다. 노예의 아들을 태어나면서부터 노예로 결정짓는 것은 그가 인간으로 태어나면서부터 노예로 결정짓는 것과 같다.

따라서 사회계약이 맺어질 때 반대자가 있을 경우 그들의 반대는 이 계약을 무효화하는 것이 아니라,

---

49) Vitellius 15~69 : 방탕하고 잔인한 황제로서 7개월만에 황제직에서 추방되었다.

그들이 그 안에 포함되는 것을 방해할 따름이다. 그들은 시민들 중에 있는 외국인과 같다. 국가가 구성되었을 때 그 안에 거주함으로써 동의가 성립된다. 그 지역 안에 거주한다는 것은 주권에 복종하는 것이 된다.[50)]

이 원초적인 계약을 제외하고는 절대다수의 의견이 다른 모든 의견을 지배한다. 이것은 계약의 결과이기도 하다. 그러나 사람들은 한 인간이 어떻게 자유로울 수 있고 동시에 자기의 것이 아닌 의지에 복종하도록 강요될 수 있겠는가 하고 묻는다. 반대하는 소수는 어떻게 자신들이 동의하지 않는 법에 복종하면서 자유로울 수 있을까?

나는 문제가 잘못 제기되었다고 대답하겠다. 시민은 모든 법에, 자신의 의지에 반해서 채택된 법에, 나아가서는 감히 그 중 하나를 범했을 때에는 자신을 징벌하는 법에도 동의한다. 국가의 모든 구성원의 영속적

---

50) 이것은 항상 자유국가에 한정되는 것으로 이해되어야 한다. 왜냐하면 가족, 재산, 안식처의 결여, 필요, 폭력은 한 거주자를 자신의 뜻에 반하여 그 나라에 붙잡아 둘 수 있기 때문이다. 이 경우에 그의 거주만으로 계약에 대한 동의나 계약의 위반을 가정할 수 없다.

인 의지는 일반의지이다. 그들이 시민이고 또한 자유로운[51] 것은 이 일반의지에 의해서 가능한 것이다.

국민의 의회에서 하나의 법이 제안되었을 때 그들에게 묻는 것은 그들이 이 제안에 찬성하느냐 반대하느냐가 아니라, 그것이 그들의 것이기도 한 일반의지에 합치되느냐 아니냐 하는 문제이다. 각자는 자신의 표를 던짐으로써 그것에 대한 의견을 말하며 표의 계산에 의하여 일반의지가 선언된다.

따라서 내 의견에 반대되는 것이 승리했을 때 그것은 내 생각이 잘못이었다는 것, 내가 일반의지라고 믿었던 것은 사실은 그렇지 않았다는 것 외에 다른 아무런 증명이 되지 못한다. 나의 개인적 의견이 승리했다면 내가 원한 것과는 반대되는 일을 한 것이 될 것이다. 그리고 그 결과 나는 자유롭지 못했을 것이다.

---

51) 젠느시에서는 감옥과 도형수의 쇠사슬에 '자유'라는 글을 적어 넣었다. 이 금언을 적은 것은 이상하나 한편으로 옳은 일이다. 사실 시민의 자유를 방해하는 것은 모든 국가의 악인들뿐이다. 이 모든 자들이 갤리선(船)에 보내지는 나라에서는 가장 완벽한 자유가 누려질 것이다.

사실 이것은 일반의지의 모든 본질이 다수 가운데 있다는 것을 전제로 한다. 일반의지의 본질이 그 가운데 있지 않게 된다면 어느 편에 가담하건 자유는 사라지고 만다. 앞에서 나는 공개심의로 어떻게 개별적 의지가 일반의지에 대치되는가를 보여줌으로써 이러한 오류를 예방할 수 있는 실제적 방법을 충분히 제시하였다. 나는 이 문제에 관해 앞으로도 이야기하려고 한다.

이 의지를 선언하기 위한 투표의 비례수에 관해서도 그것을 결정지을 수 있는 원리를 제시했다. 한 표의 차이는 동수를 깨뜨리고, 한 표의 반대는 만장일치를 깨뜨린다. 그러나 만장일치와 찬반 동수 사이에는 여러 가지 백분율이 생긴다. 우리는 정치체제의 상태와 필요에 따라 이 수를 고정시킬 수 있다.

두 개의 일반적인 기준이 이 관계를 규정짓는 것에 사용될 수 있다. 하나는 토의가 중요하고 신중할수록 지배적인 의견이 만장일치에 가까워야 한다는 것이고, 또 하나는 위급한 문제가 시간을 다투는 것일수록 의견의 대립 속에 나타난 차이를 억제해야만 한다는 것이다.

즉각 종결지어야 할 토의에서 한 표라도 많으면 그것으로 충분하다. 첫째 기준은 법 제정에 적합하고, 두 번째 기준은 사건의 처리에 더 적합하다. 어쨌든 이 양자의 조화 위에서 다수 결정을 인정할 수 있는 최선의 관계가 수립된다.

제3장 _ 선거

이미 말한 바와 같이 매우 복잡한 결정인 군주와 관리들의 선거는 두 가지 방법으로 실행될 수 있다. 선출과 추첨이 그 두 가지 방법이다. 이 방법은 여러 공화국에서 사용되어 왔으며, 오늘날에도 베니스 총독의 선거에서 이 두 방식의 혼합을 볼 수 있다.

"추첨에 의한 선거는 민주주의의 본질에 속한다." 라고 몽테스키외는 말하였다. 나도 이에 동의한다. 그러나 어떤 이유에서인가 그는 계속해서, "추첨은 그 누구에게도 고통을 주지 않는 선거 방식이다. 이것은 시민 각자에게 나라에 봉사할 합당한 희망을 안겨 준다."라고 말하였다. 이것은 이유가 되지 않는다.

나라의 장들을 뽑는 선거는 주권의 기능이 아니라

행정의 기능과 관계된다는 것에 유의한다면 어찌하여 추첨 방식이 보다 민주주의 본질에 부합하는가를 이해하게 될 것이다. 민주주의의 함정은 그 결정이 중복된 것이 아니면 아닐수록 더욱 훌륭한 것이라는 데 있다.

진정한 민주주의의 행정직은 특권이 아니라 무보수의 직책으로 어떤 특정인에게 떠맡긴다는 것은 정당한 일이 못 된다. 법만이 추첨으로 정해진 자에게 이를 부과할 수 있다. 왜냐하면 조건은 만인에게 동등하고 선출에는 어떠한 인간적인 의지도 개입되지 않는 것만큼 법의 보편성을 해치는 편파적인 적용이 없기 때문이다.

귀족정치에서 군주는 군주를 선택하고 정부는 그 자체로써 존속한다. 여기에서 선거는 완전히 자리 잡혀 있다. 베니스 총독 선거의 예는 이 구분을 파괴하기는커녕 오히려 확인시켜 준다. 이 혼합형식은 혼성정부에 적합하다.

베니스 정부를 진정한 귀족체제로 생각하는 것은 잘못이다. 평민이 정부에 전혀 가담하지 않는다면 귀족 자신이 평민이 된다. 다수의 가난한 바르나보트인들은 어떠한 행정직에도 참여하지 못했고, 자신의 귀족신분에서 남은 것은 경이란 칭호와 시의회에 참석할 권리밖에 없었다. 이 의회는 우리의 제네바 시의회만큼 다수를 거느리고 있기 때문에 저명한 의원들은 제네바 시민만큼의 특권밖에 누리지 못한다.

이 두 공화국의 극단적인 차이를 제거하면 제네바 시민은 틀림없는 베니스의 귀족에 해당하고, 제네바의 원주민과 거주자는 베니스의 서민과 평민에 해당하며, 우리의 농민은 그곳 대지의 신민에 해당한다.

요컨대 이 공화국을 어떤 식으로 보든 간에 그 크기를 제외하고 정부는 우리의 정부처럼 귀족적인 것이 되지 못한다. 차이가 있다면 우리에게는 종신 군주가 없는 만큼 그들과 같은 추첨의 필요성이 없다는 점뿐이다.

추첨에 의한 선거는 참된 민주주의에서는 특별한 불편은 없을 것이다. 왜냐하면 이곳에서는 생활양식이나 재능에서뿐만 아니라 믿는 조건이나 재산에서도 모든 것이 동등한 만큼 선택은 거의 차별이 없을 것이기 때문이다. 그러나 나는 참된 민주주의는 존재하지 않는다고 이미 말했다.

모차르트와 루소의 음악

루소의 책은 은밀히 팔렸고 루소의 사상은 파리의 문학 살롱에서 토론되었다. 제네바에서의 『에밀』에 대한 비난은 정부와 대중 사이의 불안이 원인이었다. 1765년 9살이었던 모차르트는 우연히 'The Cunning-Man'을 보게 되었고 "많은 영감을 떠올리게 했다."고 고백해 루소의 예술성을 인정했다.

선출과 추첨이 혼합될 때 전자는 가령 군직과 같이 고유한 재능을 필요로 하는 자리로 채워야 하며, 후자는 양식, 공정성, 청렴으로 충분한 직책, 그리고 사법관과 같은 직책에 적합하다. 왜냐하면 잘 구성된 국가에서 이러한 자질은 모든 시민에게 공통된 것이기 때문이다.

군주체제에서는 추첨이나 선거는 아무 소용이 없다. 왕은 당연하게도 유일한 국가 원수이자 행정자의 권리를 가지고 있는 만큼 보좌진의 선택은 그에게 달려 있다. 생피에르 경이 프랑스 국왕 자문의회를 늘리고 그 의원을 투표로 선출할 것을 제안했을 때 그는 그 말이 정부의 형태를 바꿀 것을 제안하고 있다는 사실을 이해하지 못했다.

이제 남은 일은 국민의 의회에서 표를 던지고 거두어들이는 방식에 관해 이야기하는 일이다. 그러나 이 문제에 관한 로마의 규제방식에 대한 역사적 고찰은 내가 제시하려고 하는 모든 규칙을 한결 명확하게 설명해 줄 것이다. 20만 명을 거느리는 회의에서 공적 또는 개별적 문제들이 어떻게 다루어졌는가를 상세히 고찰하는 것은 분별 있는 독자로서 합당한 일이다.

제4장 _ 로마의 민회

우리는 로마의 초기 역사에 관해 믿을 만한 기록들을 가지고 있지 않다. 이 시대에 관해 우리가 아는 이야기의 대부분은 우화로 된 이야기이다.[52]

일반적으로 국가 창건의 역사에 대한 민족의 기록 중에서 가장 교훈적인 부분은 우리에게 가장 결여된 부분이다. 우리는 매일같이 경험을 통하여 여러 나라의 혁명들이 어떤 이유에서 태어나는가를 알고 있다. 그러나 민족이 새로이 형성되는 일이 이젠 없기 때문

52) '로마' 란 이름은 '로물루스' 에서 유래된 것이라 한다. 이는 그리스어로 '힘' 을 의미하며 '누마(Numa)' 란 이름도 그리스어로서 '법' 을 의미한다. 이 도시의 첫 두 왕이 그들이 이룩한 것과 관련 깊은 이름을 처음부터 가졌다는 것은 우연한 일은 아닐 것이다.

에 우리는 그것들이 어떻게 형성되었는가를 설명하기 위해 추측할 수밖에 없다.

확립된 관습은 적어도 이 관습에 어떤 기원이 있었음을 입증한다. 이 기원에까지 거슬러 올라가는 전통, 가장 믿을 만한 권위자가 뒷받침하고, 보다 유력한 이유로 보장된 전통들은 가장 확실한 것으로 받아들여져야 할 것이다. 이 지상에서 가장 자유롭고 가장 강력했던 민족이 어떻게 그들의 드높은 힘을 행사하였는가를 탐구할 때 내가 따르고자 한 원칙은 이러한 것이다.

로마가 창건된 후 그 신생 공화국-즉 알바인, 사비나인, 그리고 이국인으로 구성된 창건자의 군대-은 세 계층으로 나뉘어졌다. 그 세 계층은 이 분할로 3부족(tribus)이라는 이름을 갖게 되었다. 이 3부족의 각각은 열 개의 쿠리아로 분할되었고, 각 쿠리아는 다시 데쿠리아(10인조)로 분할되었으며, 각각 그 우두머리로 쿠리아장(curions)과 데쿠리아장(decurions)이 있었다.

그 외에 각 부족에서 1백 명의 기병과 기사를 뽑아

만든 '백인대'라고 하는 100명의 기사단이 있었다. 한 도시에서는 거의 필요치 않은 이런 분할은 원래 군에서만 있었던 것임을 알려준다. 그러나 이 위대함의 본능이 로마라는 작은 도시에 애초부터 세계의 수도로서 합당한 규모를 부여하도록 인도한 것이 아닌가 생각된다.

이 최초의 분할은 곧장 한 가지 불합리한 결과를 불러왔다. 왜냐하면 알바이족[53]과 사바나인족[54]은 계속 같은 상태에 머물러 있었고, 반대로 이국인 부족[55]은 이국인의 계속적인 참여로 끊임없이 증가하여 다른 두 부족을 능가하기에 이르렀기 때문이다.

세르비우스[56]가 위험한 오류에 대한 대비책으로 발견한 것은 분할방식을 변경하는 것이었다. 그는 부족에 의한 분할을 폐지하고 그 대신 각 부족에 의해 점령된 도시의 지역에 따른 분할법을 택했다. 그는 세 부족을 네 부족으로 만들었고, 각 부족은 로마의 구

53) 람네스(Ramnes)

54) 티에스(Ties)

55) 루게리스(Luceres)

56) Servius 기원전 578～534 : 로마의 6대 황제.

릉을 각각 차지하여 그 이름으로 불렸다.

이렇듯 그는 현재의 불평등을 시정하면서 동시에 미래에 대한 대비책도 세웠다. 그리하여 이 분할이 단순히 지역뿐만 아니라 사람에게도 적용되도록 하기 위해 그는 한 지역의 주민들이 다른 지역으로 이동하는 것을 금하였다. 이로써 부족이 혼합되는 것을 막게 되었다.

그는 세 개의 기병 백인대의 옛 조직을 배로 늘렸고, 거기에 12개의 다른 백인대를 덧붙였다. 그러나 여전히 옛 이름으로 따르게 했다. 이것은 백성들의 불만 없이 기병대 조직과 백성들의 조직을 구분하는 단순하고도 공정한 방법이었다.

세르비우스는 도시의 네 부족에 지방부족이라 불리는 열다섯 개의 부족을 덧붙였다. 이들은 시골의 주민들로 이루어져 있었으며 열다섯 개의 지방으로 나뉘어졌다. 그 후 다시 같은 수의 새 부족이 형성되었다. 이렇게 해서 로마 민족은 마침내 서른다섯 개의 부족으로 분할되었다. 이 수는 공화국의 종말에 이르기까지 고정되었다.

도시부족과 지방부족의 이와 같은 구분에서 주목할 만한 결과가 초래되었다. 이와 같은 예는 달리 찾아볼 수 없고, 로마가 관습을 보존함과 동시에 세력을 확장시킬 수 있었던 것이 여기에서 연유하고 있기 때문이다.

사람들은 도시부족들이 세력과 권세를 가로채 지방부족들을 약화시킨 것이라고 생각할지도 모르지만 사실은 정반대로, 초기 로마인들의 전원생활에 대한 애착은 알려진 사실이다. 이 애착은, 현명한 창설자로부터 유래된 것으로 말하자면, 전원과 군의 복무는 자유에 결합시키고 기술, 기교, 술책, 재물, 그리고 노예는 도시로 몰아 버렸다.

이리하여 로마가 거느린 모든 뛰어난 사람들은 전원에서 살며 대지를 경작함으로써 공화국의 지주는 그곳에서만 찾을 수 있기에 이르렀다. 이들은 가장 훌륭한 신분의 귀족이었으므로 모든 사람들의 존경을 받았다. 지방민들의 단순하고 근면한 생활은 로마 도시인들의 한가한 생활보다 사랑을 받았으며, 도시의 불행한 프롤레타리아도 전원의 농부로서 생활하면 존경받는 시민이 되었다.

바롱[57]은 "우리의 관대한 조상들이 전시에는 나라를 지키고 평화 시에는 양식을 생산하는 건장하고 용맹스러운 자들의 양성소를 마을에 세운 것은 이유 없는 일이 아니다."라고 하였다.

플리니우스는 "지방부족들은 그 구성원들로 존경을 받았고, 오히려 비겁한 자들을 격하시키기 위해서는 도시부족 가운데로 치욕적으로 이송되었던 것"이라고 명백히 말하고 있다.

사비나족의 아피우스 클로디우스가 로마에 정착하게 되었을 때, 그는 존경을 받았기 때문에 지방부족 가운데 편입되는 명예를 누리게 되었다. 이 부족은 그 후 그의 가족 명을 따랐다. 끝으로 해방된 노예들은 전부 도시부족에 들어갔으며, 결코 지방부족에는 속할 수 없었다. 공화국이 존속하는 동안 해방된 노예들은 시민은 되었으나 관리직을 맡은 사람은 한 사람도 없었다.

이 원칙은 훌륭한 것이었다. 그러나 너무나 극단적

57) Varon : 기원전 3세기경의 로마 집정관.

으로 적용된 나머지, 규율에 변화와 확실히 어떤 오류가 초래되었다.

첫째, 통제관들은 시민들을 한 부족에서 다른 부족으로 임의로 이동시키는 권한을 오랫동안 차지한 후, 대부분의 시민들에게 자신이 좋아하는 부족에 가입하는 것을 허락하였다. 이 허가는 확실히 아무런 이익도 없었으며 통제의 한 수단을 상실케 하고 말았다. 뿐만 아니라 귀족과 세력가들은 모두 지방부족에 가입하고 시민이 된 노예들은 하층민들과 더불어 도시부족에 머물렀기 때문에 부족들은 일반적으로 장소도 지역도 상실하게 되었다.

그리하여 모든 부족들은 너무나 혼합된 나머지 각 부족의 소속원을 가리는 것은 기록에 의해서 할 수 있을 뿐이었다. 그 결과 부족(trib)이란 말의 개념은 현실적인 것이 아니라 개인적인 것으로, 그보다는 가공적인 것이 되어 버리고 말았다.

도시부족에는 쉽게 가입할 수 있었기 때문에 그들은 로마 민회에서 빈번히 최강자가 될 수 있었으며, 도시부족을 이루고 있는 대중들의 표를 거침없이 사모으는 부랑자들에게 나라를 팔아먹기도 하였다.

쿠리아의 창설자는 각 부족에 열 개의 쿠리아를 두었다. 당시 도시 성벽 안에 갇혀 살던 모든 로마 민족은 30개의 쿠리아를 이루었으며, 각 쿠리아마다 그들의 사원, 신, 관리, 그리고 사제를 가지고 있었다. 콤피탈리아라고 불리는 축제가 있었는데 그것은 그 후 지방부족들의 파가날리아 축제와 흡사한 것이었다.

세르비우스의 새 분할에서 30이란 수는 네 부족에 똑같이 분할될 수 없었으므로 그는 여기에 손을 대지 않았으며 부족에서 독립된 쿠리아는 로마인들의 또 하나의 분할이 되었다. 그러나 지방부족에서나 그 구성원에서나 쿠리아는 문제가 되지 않았다. 왜냐하면 부족은 순전히 민간기구가 되었고, 군대의 징집에는 새로운 제도가 도입됨으로써 로물루스의 군대조직은 무용한 것이 되었기 때문이다. 이리하여 모든 시민은 부족에 소속되었다고 할지라도 각자가 쿠리아에 소속되는 것은 아니었다.

세르비우스는 다시 세 번째 분할을 실행하였다. 그것은 앞서 두 차례의 분할과 아무런 관련도 없었다. 그 결과 그 분할이 가장 중요한 것이 되었다. 그는 모든 로마인들을 여섯 계층으로 나누었다. 그것은 지역이나 사람에 따른 것이 아니라 재산에 따른 분할이었다. 그리하여 상위 계층들은 부자들로 채워지고 마지막 계층들은 가난한 자들, 그리고 중간은 중간 정도의 재산을 가진 자들로 채워졌다.

이 여섯 계층은 다시 분회라 불리는 193개의 다른 집단으로 세분되었다. 이 집단들은 제1계층이 단독으로 반수 이상의 분회를 차지하고 최하 계층은 하나의 분회를 차지하도록 분류되었다. 이리하여 가장 소수의 계층이 가장 많은 수의 분회를 갖게 되고, 최하위 계층은 로마시구의 반 이상을 차지하였음에도 불구하고 나뉘어 관찰당하는 단 하나의 구를 이루었다.

이 마지막 형태의 중요성을 국민이 알아차리지 못하도록 세르비우스는 군대의 성격을 이에 가미하는 체 하였다. 즉 그는 제2계층에 두 개의 무기 제조인 분회를 삽입시켰고, 제4계층에는 두 개의 전쟁무기 제조인 분회를 삽입시켰다.

최하위의 계층을 제외한 각 계층마다 그는 젊은이와 늙은이, 다시 말해서 나이에 따라 법에 의해 무기를 들도록 의무 지워진 자들과 면제된 자들로 구분하였다. 이 구분은 재산에 따른 구분보다 국세조사를 빈번히 재개해야 할 필요성을 더욱 크게 했다. 끝으로 그는 회의가 연병장에서 소집되도록 정했고, 군인으로 복무할 수 있는 연령의 모든 사람들은 그들의 깃발을 들고 나오도록 정했다.

최하위 계층에서 젊은이와 노인의 동일한 구분이 적용되지 않은 것은 그 구성원인 천민에게는 국가를 위해 무기를 드는 영광이 허용되어 있지 않았기 때문이다. 고향을 지킬 권리를 갖기 위해서는 고향을 가져야만 했으며, 오늘날 왕의 군대들이 휘황찬란하게 거느리고 있는 수많은 불량배의 무리들 가운데 로마군의 대열에서 멸시와 함께 내쫓기지 않을 자는 아마 단 한 명도 없을 것이다. 왜냐하면 그 병사들은 자유의 수호자들이었기 때문이다.

그러나 최하위 계급은 다시 '무산자'(프롤레타리아)와 '천민'이라고 불리는 자들로 구분되었다. 전자는 전적으로 무시되지 않고 국가에 적어도 시민권을 제공했을 뿐만 아니라 위급한 상황에서는 군인으로 내보내기도 하였다. 그러나 아무것도 가진 것이 없고 머릿수로써 헤아릴 수밖에 없었던 후자는 전혀 무용

철학자 흄, 루소를 영국에 초대함
영국의 철학자이자 『인성론』을 집필한 흄은 루소에게 영국에 가자고 제의한다. 테레즈와 함께 1766년 1월 그들은 런던에 도착한다. 루소가 테레즈를 기다리는 동안 흄이 루소의 초상을 램지(Ramsay)에게 그리게 하는 등 친분을 쌓았으나 불화로 관계가 악화된다.

한 존재로 간주되었다. 이들을 처음으로 명부에 올린 것은 마리우스였다.

이 세 번째의 인구분할이 그 자체가 좋은 것인지 나쁜 것인지 단정하지 않더라도 초대 로마인들의 단순한 풍습, 농업에 대한 그들의 애착, 상업과 이익추구에 대한 경멸 때문에 그것이 실용적이라고 말해도 나는 무방하다고 생각한다.

현대 국민 중에서 그들의 이글거리는 탐욕, 불안한 정신, 술책, 끊임없는 이동, 계속적인 재산변혁으로 온 국가를 전복시키지 않고 이와 같은 제도를 20년간이라도 존속시킬 수 있는 국민이 어디 있겠는가? 로마인들의 도덕과 검열 임무가 이 제도의 악폐를 바로잡는 힘을 가졌고, 부자가 자신의 부를 지나치게 과시함으로써 가난한 자들의 계급 속에 떨어지고 말았다는 사실 역시 기억되어야 한다.

이 모든 사실로 보아 실제로는 여섯 계층이 있었으면서도 다섯 계급만이 언급되어 온 이유는 쉽게 이해될 것이다. 제6계층은 군에 병사를 보낼 수 없었고, 연병장에[58] 투표인을 보낼 수도 없었으며, 공화국에서 거의 무용의 존재였으므로 그것이 문제되는 일은 드물었다.

로마 민족의 여러 가지 분할은 이상과 같은 것이었다. 이 분할이 회의에서 어떤 결과를 낳았는가를 이제 살펴보기로 하자.

정당하게 소집된 이 회의는 '민회'라고 불렸다. 민회는 보통 로마의 광장이나 연병장에서 개최되었다.

---

58) 내가 '연병장'이라고 말한 것은 백인대 민회가 여기서 소집되었기 때문이다. 다른 두 형태의 경우 국민들은 광장, 또는 다른 곳에서 집회를 열었다. 이때 하층만은 상류시민과 다름없는 영향력과 권위를 누렸었다.

총회는 조직된 세 형태에 따라 쿠리아 민회, 백인대 민회, 그리고 부족 민회로 구분되었다. 쿠리아 민회는 로물루스의 제도였고, 백인대 민회는 세르비우스, 그리고 부족 민회는 호민관의 제도였다.

모든 법은 민회에서 승인을 받았으며, 모든 관리직은 민회에서 선출되었다. 그리하여 쿠리아나 백인대나 부족에 등록되지 않은 시민은 한 사람도 없었던 만큼 어떤 시민도 투표권에서 제외되지 않았으며, 로마인은 법적으로나 실제로나 진정한 주권을 행사하였다.

민회가 합법적으로 소집되고 그곳에서 결정된 것이 법적 효력을 갖기 위해서는 세 가지 조건이 필요했다. 첫째로 민회를 소집하는 기관이나 행정가에게는 소집에 필요한 권한이 부여되어 있어야 하고, 둘째로 회의는 법에 의해 허용된 날에 개최되어야 하며, 셋째로 원로원이 이에 동의해야만 한다.

첫 번째 규칙의 이유는 설명할 필요가 없다. 두 번째 규칙은 규정의 문제이다. 축제일과 장날에 민회가 열리는 것이 금지되었다. 왜냐하면 장사를 위해 로마에 오는 지방인들은 광장에서 하루를 보낼 만한 여유가 없었기 때문이다. 세 번째 규칙으로 원로원은 긍지 있고 활동적인 국민을 견제하였으며, 도발적인 호민관들의 열기를 적절히 진정시키곤 하였다. 그러나 호민관들은 이러한 속박에서 빠져나갈 여러 방법들을 찾아냈다.

법률과 장의 선거가 민회의 결정에 맡겨진 전부는 아니었다. 로마 국민은 정부의 가장 중요한 기능을 가로챘던 만큼 유럽의 운명이 이 회의에서 결정되었다고도 말할 수 있다. 회의의 다양한 대상은 그들이 결정할 문제의 성격에 따라 다양한 형태를 취하게 되었다.

이러한 여러 가지 형태에 대해서 판단을 내리자면 그것들을 서로 비교하는 것으로 충분하다. 로물루스는 쿠리아를 제정하면서 원로원과 국민을 서로 견제하게 하여 모든 사람을 똑같이 지배할 것을 고려했었다. 그리하여 귀족들에게 허용했던 힘과 부의 권위를 상쇄하기 위해 국민에게 이러한 형태로 온갖 권위를 부여했다.

그러나 그는 군주체제의 원리에 따라 귀족에게 보다 많은 이점을 인정하였다. 왜냐하면 귀족 세력하의 평민들이 표의 다수원칙에 미치는 영향 때문이었다. 이 보호자로서의 귀족과 피보호자의 제도는 정치와 인간관계의 걸작으로서, 이것 없이는 공화국 정신에 어긋나는 귀족제도는 존속하지 못했을 것이다.

로마만이 영광스럽게도 이 훌륭한 예를 세상에 남기고 있다. 거기에는 아무런 오류도 야기되지 않았으나 그 후로는 이런 예를 다시는 찾아볼 수 없다.

이와 같은 쿠리아의 형태는 세르비우스에 이르기까지 역대에 걸쳐 존속하였고, 마지막 타르키니우스의 통치는 합법적인 것으로 간주되지 않는 만큼 일반적으로 이 법률은 쿠리아 법이란 이름으로 다른 법과 구별되기에 이르렀다.

공화국 치하에서 쿠리아는 항상 도시의 네 부족에 한정되어 있었고, 로마의 하층민만을 포함하고 있었기 때문에 그것은 귀족의 우두머리였던 원로원이나 평민 출신이기는 했지만 부유한 시민들의 우두머리였던 호민관에게 다 같이 적합한 것이 될 수 없었다. 따라서 쿠리아는 중요성을 잃었으며 그 힘이 약화되어 30명의 경사들이 모여 쿠리아 민회에서 해야 할 일들을 해치울 지경에 이르렀다.

파리에 도착한 루소

파리에 도착하자마자 루소는 그곳 생활을 후회했다. 주방, 응접실과 침실의 역할을 했던 매우 작은 아파트 – 싱글 룸 – 에서 그는 테레즈와 함께 생활했다. 그곳에는 작은 침대를 푸르고 하얀 줄무늬로 장식한 이불, 약간의 가구, 책을 놓아둘 선반, 의자와 모조 그림이 벽에 걸려 있었다.

백인대에 의한 분할은 귀족에게 매우 유리한 것이었지만 왜 원로원이 백인대라는 이름으로 불렸던 것인지, 그리고 왜 집정관, 통제관, 기타 고위 관직이 그 안에서 선출된 이 민회에서 항상 승리하지 못했는지는 그 이유를 알 수 없다. 사실 전체 로마인의 여섯 계급을 이루고 있는 193개의 백인대 중에서 제1계급이 98개를 거느렸고, 표수는 오직 백인대로써 계산되었던 만큼 제1계급만으로도 표수에서는 다른 모든 계급을 능가할 수 있었다.

모든 백인대가 합의되었을 때에는 표를 모으는 것을 계속할 필요가 없었다. 가장 소수의 사람들이 결정한 것이 다수의 결정으로 간주되었다. 따라서 백인대 민회에서는 표의 다수보다 금전의 다수에 의해 일이 처리되었다고 말할 수 있다.

그러나 극단적인 권위는 두 가지 방법에 의해 악화되었다. 첫째로 보통으로 호민관들이, 그리고 항상 다수의 서민층이 부자들의 계급 안에 있었고 제1계급에서 귀족들의 영향을 조정했다.

두 번째로 백인대들은 언제나 제1계급부터 시작하는 그들의 차례 계급에 따라 투표하도록 호명되지 않았다. 그 대신 하나의 백인대만 추첨으로 선출되어 그 백인대만 투표했다.[59] 그런 후 다른 백인대들은 그 계급 순서에 따라 다른 날에 소집하여 동일한 투표를 되풀이했다. 대개 그들은 첫 번째 선거를 재확인케 하였다. 표본의 권위를 지위에서 빼앗아 민주주의 원리에 따라 그것을 추첨에 부여한 것이다.

이와 같은 관례는 또 다른 이점을 가지고 있었다. 지방의 시민들은 두 선거 사이에 잠정적으로 임명된 후보의 능력에 관하여 탐문할 여유를 가짐으로써 확실한 근거를 가지고 표를 던질 수 있게 되었다. 그러나 신속을 기한다는 구실하에 이 관례는 폐지되고 말았으며 두 차례의 선거는 같은 날에 행해졌다.

부족 민회는 로마 국민의 회의였다. 이 민회는 호민관들에 의해 소집되었다. 호민관은 이곳에서 선출되었으며 평민회의 결의를 진행시켰다. 원로원은 이 민회에 특권이 없었을 뿐만 아니라 참석할 권리조차 없

59) 추첨에 의해 선택된 이 백인대는 최초로 투표할 것을 요청받음으로써 Prae rogativa란 이름으로 불리었다. '특권' (prerogative)이란 말은 여기서 유래된 것이다.

었다. 그리하여 그들은 투표하지 않은 법에 복종해야만 했고, 의원들은 이 점에서는 최하층 시민보다도 자유를 적게 누렸다.

이러한 불공평은 전적으로 잘못 생각한 것이었고, 모든 구성원이 인정하지 않는 기구의 법령을 무효화시키는 데 충분하였다. 모든 귀족들이 시민으로서 그들의 권리에 따라 이 평민회에 참가했다 할지라도 단순한 개인이 될 수밖에 없는 그들은 머릿수로 계산되고 최하위의 천민도 원로원의 의장과 같은 힘을 가지고 있는 그런 투표 형태에 아무런 영향도 미칠 수 없었을 것이다.

그처럼 막대한 국민의 표를 모으는 여러 가지 제도에서 생겨난 질서 이외에도 이 방식들은 그 자체가 아무런 관련도 없는 형태로 귀착되지 않는다. 오히려 하나하나의 방식은 그것을 택하게 한 의견들에 연관되는 결과를 가져왔다는 사실이 알려질 것이다.

이 문제에 관해서 더 자세히 논하지는 않더라도 이미 해온 설명에서 부족 민회는 민주정치에 보다 적합한 것이었고, 백인대 민회는 귀족체제에 보다 적합한 것이었다는 결론이 나온다. 로마의 서민층만으로 절대다수를 이루었던 쿠리아 민회의 경우에는 압제와 불의의 계획을 조장하는 그들의 경향이 그들의 평판을 나빠지게 했다. 그래서 그들은 신임을 잃게 되었으며, 반란자들도 그들의 계획을 지나치게 노출시키는 방식을 기피했다.

로마 민족의 위대성은 백인대 민회에서만 보였다. 이 민회만이 완벽한 것이었다. 왜냐하면 쿠리아 민회에는 지방부족들이, 그리고 부족 민회에는 원로원과 귀족이 불참했기 때문이다.

스파르타의 투표제도보다는 덜 간단했지만 로마인들의 투표제도는 그들의 관습과 예절만큼이나 간단한 것이었다. 각자는 큰 소리로 자기의 표를 표명하였고, 서기는 이에 따라 기록해 나갔다. 각 부족마다 절대다수 표가 그 부족의 표를 결정지었고, 부족들 간의 절대다수 표가 국민의 표를 결정지었다.

쿠리아와 백인회도 마찬가지였다. 이 관례는 시민들 사이에 성실성이 만연하여 각자가 부당한 의견이나 자격이 없는 사람에게 자신의 표를 공개적으로 던지는 것에 수치를 느끼는 동안은 훌륭한 것이었다. 그러나 국민이 타락하고 표가 매매되었을 때, 불신감으로 매표자들을 견제하고 사기꾼들에게는 배신자가 되지 않을 방법을 주기 위해 투표는 비밀리에 진행되도록 정해졌다.

나는 키케로가 이 변화를 비난하고 공화국 패망의 원인을 부분적으로 여기에 귀착시키고 있다는 것을 알고 있다. 그러나 이 점에 관해서 키케로의 권위가 얼마나 큰 것인가를 느낀다고는 할지라도 나는 그에 동감할 수 없다. 오히려 그와 반대로 나는 이와 같은 변화를 충분히 이루지 않은 탓으로 로마 공화국의 멸망이 가속되었다고 생각한다.

건강한 사람들의 생활양식이 병자들에게 적합하지 않은 것과 같이 타락한 백성을 다스릴 때는 건전한 백성에게나 적합한 법을 적용하지 않아야 한다. 베니스 공화국의 존속보다 이 원리를 더 잘 입증하는 것은 없다. 이 공화국의 외형은 아직도 존재하고 있다. 왜냐하면 이 나라의 법률이 사악한 사람에게만 적합한 것이었기 때문이다.

로마 시민들은 각자의 의견이 어떤 것인지 알 수 없도록 투표할 수 있는 수첩을 배부 받았다. 개개인은 자신의 의견을 비밀에 부쳐 투표했다. 그리하여 수첩의 수집, 표의 계산, 수의 비교 등을 위해 새로운 정리방법이 고안되었다. 그렇다고 해서 이 역할을 담당한 관리들[60]의 성실성이 이따금 의심받는 일이 발생하지 않은 것은 아니었다.

끝으로 협잡과 표의 거래를 방지하기 위한 법령이 제정되었으며, 그 수가 많은 것으로 보아 그것들이 무용의 것이었음을 알 수 있다.

말기에 이르러 법의 결함을 보충하기 위해 여러 가지 방편이 빈번히 강구되었다. 때로는 비상한 일이 가정되기도 하였다. 그러나 국민을 기만할 수 있는 이 방법은 그들을 통치하는 자들에게는 아무런 위력도 없었다. 때로는 후보자들이 술책을 논할 여유를 갖기도 전에 황급히 회의가 소집되기도 하였다. 때로는 사람들이 부당한 편에 기울어질 기세가 보였을 때 회의는 끝까지 발언을 함으로써 시간을 보내기도 하였다.

그러나 결국 야심이 모든 것을 속였다. 그리하여 정

60) Custodes(투표 감시관), Diribitores(투표지 배포자), Rogatores Suffragiorum(투표지 수검자).

녕 믿기 어려운 일은 그토록 많은 오류 속에서도 이 거대한 민족은 그들의 해묵은 규정으로 관리들을 선출하고, 법을 통과시키고, 사건을 심판하고, 사적인 또는 공적인 일들을 처리해 나가는 모든 일들을 마치 원로원에서 다루어 나가듯 손쉽게 다루었다는 사실이다.

제5장 _ 호민관

국가의 구성요소 사이에 정확한 균형을 유지시킬 수 없을 때나, 억제할 수 없는 원인들이 끊임없이 국가의 구성요소 사이의 관계를 변질시킬 때 다른 기관들과 별개의 것인 특수한 기구가 설립되었다. 이 기구는 각 기관들이 본래의 목적을 되찾게 하고 귀족과 서민 사이에, 또는 원로원장과 군주 사이에, 그리고 필요할 때는 양편에 모두 연락 또는 중개의 역할을 담당한다.

내가 호민관직이라 부르는 이 기구는 법과 입법권의 관리자이다. 이 직은 때로는 로마에서 호민관들이 한 것과 같이 정부에 대항하여 군주를 보호하는 역할을 하고, 때로는 오늘날에 베니스에서 십인회가 하는 것과 같이 국민에 대항하여 정부를 지지하는 역할을 하며, 때로는 스파르타에서 민선 장관들이 한 것과 같이 쌍방의 균형을 유지하는 역할을 수행한다.

호민관직은 국가의 한 구성요소는 아니며 입법권이나 행정권과 견줄 수 있는 것도 아니다. 그러나 이 점에서 호민관직은 보다 강력하다. 왜냐하면 아무것도 할 수 없는 대신 모든 것을 제지할 수 있기 때문이다. 호민관직은 법의 수호자로서, 법을 집행하는 원로원의 의장보다 그리고 법을 명하는 군주보다 더욱 신성하고 존경받는다.

이 사실은 로마의 경우에서 매우 분명히 나타났다. 항상 평민을 경멸했던 오만한 귀족들은 사법권도 권력도 없었던 단순한 서민의 관리 앞에서 꺾이지 않을 수 없었다.

현명하게 견제된 호민관직은 훌륭한 국가조직의 가장 견고한 지주이다. 그러나 호민관직이 필요 이상으로 작은 힘이라도 갖게 되면 모든 것이 뒤엎어진다. 본래 이 직은 약하지 않지만 그 직이 어떤 역할을 맡기만 하면 결코 필요한 힘을 발휘하지 못했던 것은 아니다.

이 직이 견제해야 할 뿐인 행정권한을 가로챌 때, 그리고 보호해야만 할 법을 그 자신이 만들어 내려고 할 때 그 행위들은 압제로 변질된다. 민선 장관의 막중한 권력은 스파르타가 그들의 기풍을 견지하고 있는 동안은 위험이 없었지만 그 후 시작된 부패는 타락을 가속화시켰다.

이 폭군들에 의해 목 졸린 아지스[61]는 그의 후계자를 통해 복수를 이루었다. 민선 장관들의 범죄와 징벌은 역시 공화국의 패망을 재촉하였다. 클레오메네스[62] 이후의 스파르타는 쓸모없는 나라가 되었다. 로마도 같은 경로로 패망하였다. 호민관들이 조금씩 가로챈 권력은 마침내 자유를 위해 제정된 법의 힘을 입어 황제들의 보호 역할을 하였다. 이들이 공화국을 파괴해 버린 것이다.

한편 베니스의 십인회는 귀족이건 평민이건 가리지 않고 모두에게 끔찍한 피의 심판장이 되었다. 그것은 법을 성실하게 보호하기는커녕 타락한 후로는 차마

61) Agis : 스파르타 왕조의 마지막 왕.

62) Cleomenes 기원전 1226~1119 : 스파르타의 왕.

33년 동안 루소의 동반자가 된 테레즈 르바쇠르

테레즈 르바쇠르는 1745년 3월부터 루소가 죽음을 맞이하기까지 같이 지낸 동반자이자 아내이다. 그들은 1768년 8월 29일 부르그완 마을에서 정식으로 결혼했다. 그들과의 사이에서 5명의 자녀가 태어났으나 모두 고아원에 버려진다. 이는 평화롭고 행복하지 못했던 루소의 유년시절이 그의 삶에서 모습을 드러내는 한 부분이라 할 수 있다. 루소는 그의 죽음을 앞두고 테레즈를 룩상브르 부이에게 부탁한다. 그녀는 남편의 원고, 그의 소유물 그리고 로열티를 챙겼으나 34세의 청년과 1779년 11월에 결혼했다.

볼 수 없는 행위를 감행하는 역할만을 해 왔다.

호민관직은 정부와 마찬가지로 인원의 증가에 의해 약화된다. 처음에는 둘, 다음에는 다섯이었던 로마의 호민관들이 이 수를 배가하려고 했을 때, 그들은 서로가 서로에 의해 견제될 수 있다고 확신하였기 때문에 원로원은 그대로 방치했었다. 그런데 그것은 그런 결과를 가져오지 못했다.

이처럼 가공할 기구의 권리 침해를 예방하는 최선의 방법-어떤 정부도 이 방법에 착안한 적은 없었다-은 이 기구를 상설기구로 만드는 대신 그 기능이 정지될 수 있는 간격을 두는 것이다. 이 간격은 오류가 확고히 자리 잡을 여유를 줄만큼 긴 것이어서는 안 되며, 필요에 따라서는 특별위원회의 구성으로 단축할 수 있도록 법에 의해 정해져야 한다.

이 방법에는 지장이 없을 것으로 보인다. 왜냐하면 이미 말한 것과 같이 호민관직은 국가체제의 구성요소가 아닌 만큼 폐지된다고 해서 타격을 받지 않을 것이기 때문이다. 이 방법은 효과적인 것으로 생각된다. 새로이 임명된 관리는 그의 선임자가 누렸던 권력이 아니라 법이 부여하는 권력에서 출발하기 때문이다.

제6장 _ 독재

사태에 순응하는 것을 가로막는 법의 강직성은 경우에 따라 법을 해로운 것으로 만들며, 위기에는 국가를 패망케 할 수 있다. 적법한 정식 수속의 질서와 느린 진행은 가끔 상황이 허용하지 않는 상당한 기간을 요구한다. 그러므로 그 기간 동안 입법자가 대비하지 않았던 많은 경우가 발생할 수 있다. 모든 것을 예견할 수 없다고 느끼는 것은 매우 필요한 선견이다.

이런 이유 때문에 사람들은 정체 제도의 효력을 정지시키는 권한을 빼앗길 만큼 경직된 정치제도를 만들려고 하지 않는다. 스파르타도 그들의 법을 잠자게 한 일이 있었다. 그러나 공공질서를 변질시키는 위험을 상쇄할 수 있는 것은 최악의 위험이 닥쳤을 때뿐이다.

국가의 흥망이 걸려 있을 때에만 법의 신성한 힘은 정지되어야 한다. 아주 흔하지 않고 명백한 경우에 공공 안전은 국가 안전의 책무를 가장 합당한 자에게 위임하는 특별조치에 의해 대비되어야 한다. 이 권한은 위험의 종류에 따라 두 가지 방식으로 위임될 수 있다.

이 위험에 대처하기 위하여 정부의 활동을 증가시키는 것으로 충분할 때 통치권은 한두 사람의 정부 요원에 집중되어야 한다. 이 경우에 변화를 겪는 것은 법의 권위가 아니라 행정의 형태이다. 위험이 너무나 커서 법 기구가 이를 극복하는 일에 장애가 된다면 모든 법률을 침묵케 하고 지상의 권위를 정지시키는 최고 수반이 임명되어야 한다.

이와 같은 경우에 일반의지는 의심의 여지가 없으며, 국가가 패망해서는 안 된다는 것이 최고의 의도임은 명백하다. 이렇듯 법의 권위의 정지는 폐지시키는 것이 아니다. 법을 침묵케 하는 지배자는 법을 말하게 할 수 없다. 그리고 법을 지배하되 법을 대신

할 수 없다. 법을 제외하고는 그는 모든 것을 할 수 있다.

위의 방법은 로마의 원로원이 관계적인 절차에 따라 집정관들로 하여금 공화국의 구원에 대처하도록 위임하였을 때에 사용되었다. 두 번째 방법은 두 집정관 중 한 사람이 독재 집정관[63]을 임명했을 때에 사용되었다. 이 관례는 알베에 의해서 로마에 그 선례를 남기게 되었다.

초기의 공화국은 빈번히 독재 방식에 의존하곤 하였다. 왜냐하면 국가는 그 구성원의 힘으로 지탱될 수 있을 만큼 확고한 기반이 있었기 때문이다. 다른 시대에는 경제 조치를 무용한 것으로 만들었던 국민의 기강이 필요했을지도 모른다. 그러나 독재 집정기관이 권위를 남용하거나 정해진 한계 이상으로 행사하리라는 우려는 조금도 없었다.

그와는 반대로 이처럼 막중한 권력은 그것을 위임받은 자에게 짐으로 느껴졌을 것이다. 법이 차지해야

63) 이 임명은 마치 한 인간을 법보다 우위에 올려놓는 것이 수치스럽기라도 한 것처럼 밤에나 비밀리에 행해졌다.

할 자리를 차지하는 것이 너무도 고통스럽고 위태로운 일이기라도 한 것처럼 그는 하루 빨리 이 짐에서 벗어나려고 했다.

따라서 초기에 이 최고 권력의 조심성 없는 사용이 비난받은 것은 남용의 위험 때문이 아니라 약화의 위험 때문이었다. 선거와 헌납기념제 같은 순전한 형식상의 문제들에 이 권력을 남발함으로써 실제 이 권력이 필요한 경우에 그 위력을 상실하게 되지나 않을까, 그리고 헛된 의식의 명목으로 간주하는 습성이 생기지나 않을까 우려되었다는 것이다.

공화국 말기에 이르러서 로마인들은 보다 신중을 기하게 되어 독재 방식을 견제하였다. 그것은 옛날 이 방식을 남용했을 때와 마찬가지로 이유가 없는 일이었다. 그들의 우려가 근거 없는 것이었다는 것, 수도의 무력이 당시 그 안에 거느리고 있었던 통치자들에게는 안전의 구실을 하고 있었다는 것, 독재 집정관이 어떤 경우에는 국민의 자유를 손상시키지 않고 이를 수호할 수 있었다는 것, 로마의 쇠사슬은 로마인 자체가 아니라 그의 군대에서 만들어지게 되리라는 것을 꿰뚫어보기란 것은 너무나도 쉬운 일이었다.

마리우스[64]가 실라[65]에 대항하여, 그리고 폼페이우스[66]가 케사르에 대항하여 싸웠던 그 무력한 저항은 외부의 힘에 대항하는 데 있어 내부의 권위에서 기대할 수 있었던 것이 무엇인가를 여실히 보여 주었다.

이와 같은 오류는 그들로 하여금 커다란 과오들을 범하게 하였다. 예컨대 카틸리나[67] 사건 때 독재 집정관을 임명하지 않았던 것은 그러한 과오에 속한다. 왜냐하면 이것은 도시 내부의 문제, 기껏해야 이탈리아의 한 지방의 문제였던 만큼 법이 독재 집정관에게 부여하는 제한 없는 권위로 그 음모를 쉽사리 분쇄할 수 있었을 것이다. 그런데 그 음모는 인간의 신중성

---

64) Marius : 로마의 장군이며 정치가. 기사 출신으로서 집정관의 지위에까지 오른 그는 서민층에 유리한 개혁을 단행하였으나 실라와의 알력 끝에 로마에서 추방당했다.

65) Silla : 로마 귀족 출신의 장군. 정치가로 마리우스와의 여러 차례 분쟁 끝에 종신 집정관이 되었다.

66) Pompeius : 로마의 장군이며 정치가로 집정관에 올랐으며 크라시스, 케사르와 더불어 삼두정치를 이루었으나 후일 케사르에게 패함으로써 정권은 케사르에게 넘어갔다.

67) Catilina : 로마의 정치인. 반 집정관 음모를 획책하다가 처형당했다.

이 결코 기대할 수 없는 다행스러운 우연의 힘 덕에 분쇄되었다.

원로원은 이런 때에도 독재 집정관을 두려고 하지 않고 그들의 권력을 집정관들에게 위임하는 것으로 만족했다. 키케로는 효과적으로 행동하기 위하여 이 권력을 한 중요한 자리에 넘겨주지 않을 수 없었다.

국민은 처음에는 환희와 흥분으로 그의 행동에 찬성하였으나 그 후 법을 어긴 그의 행동에 피의 보상을 요구한 것은 정당한 일이었다. 이것은 독재자에게는 할 수 없는 비난이었다. 그러나 집정관의 웅변은 모든 것을 이끌어갔다.

그리하여 로마인이었으나 조국보다 자신의 영광에 더 집착했던 그는 국가를 수호하는 가장 정당하고도 확실한 방법보다는 그 일을 담당하는 데서 오는 영광을 더 추구했다.[68] 그러기에 그는 로마의 해방자로서

---

68) 이것은 독재집정관을 제안하면서 그 자신을 장담할 수 없는 일이었다. 왜냐하면 자기 자신을 감히 임명할 수 없었거니와 그의 동료가 그를 임명하리라는 확신도 가질 수 없었기 때문이다.

마땅히 영광을 누렸고, 법의 위반자로서 마땅히 벌을 받았다. 그를 다시 불러들인 것이 아무리 빛나는 것이었다 할지라도 그것은 확실히 하나의 사면에 불과했다.

요컨대 이 막중한 권한이 어떤 형식으로 위임되건 간에 그 기한을 짧게 고정하는 것이 중요하다. 그 시한은 결코 연장될 수 없다. 이 권한을 가능케 한 위기 속에서 국가는 조만간 패망하거나 구원된다. 그리하여 일단 위급한 상황이 지나면 독재는 폭정이 되거나 무용한 것이 된다.

로마에서 독재 집정관은 6개월의 기한을 가졌다. 대부분은 기한 이전에 그 직에서 물러났다. 만약 이 기한이 더 길었다면 그들은 십인관들이 한 것처럼 즉위 기간을 일 년으로 연장하려고 했을지도 모른다. 그러나 독재 집정관은 그를 선정케 한 상황에 대비할 시간적 여유밖에 없었으며, 다른 계획을 생각할 여유가 없었다.

제7장 _ 검열관

일반의지가 법에 의해 선언되듯이 공공의 심판은 검열관에 의해 선언된다. 공공의 의견은 검열관이 집행하는 일종의 법이다. 검열관은 원로원의 장과 마찬가지로 이 법을 각기 특수한 경우에 적용시킬 따름이다.

따라서 검열재판은 공공의 의견의 심판관이기는커녕 공표자에 불과하다. 일단 이 의견에서 멀어지기라도 하면 이내 그의 결정은 헛되고 효과 없는 것이 된다.

한 국민의 풍습과 그들이 존중하는 대상을 분리시키는 것은 헛된 일이다. 왜냐하면 이 모든 것은 동일한 원리에 입각하고 있으며 필연적으로 혼합되어 있기 때문이다. 지상의 모든 국민에게 있어 쾌락의 선택을 결정짓는 것은 자연이 아니라 의견이다. 인간의 의견을 드높인다면 그들의 생활 풍습은 저절로 순화될 것이다.

사람들은 항상 아름다운 것 혹은 아름답다고 생각되는 것을 사랑한다. 그러나 사람들이 잘못을 범하는 것은 이것을 판단하는 일에 있다. 따라서 이 판단은 규제되어야 한다. 풍기를 판단하는 자는 명예를 판단하며, 명예를 판단하는 자는 의견에서 그의 법을 취한다.

한 국민의 의견은 그들의 체제에서 태어난다. 법이 풍습을 규제하지 않는다 할지라도 그 풍습을 태어나게 하는 것은 법 체제이다. 법 체제가 약화되면 풍습도 타락한다. 그때 검열관들의 심판은 법의 힘이 이루지 못했던 것을 이루지는 못한다.

이것으로 미루어 통제는 풍습을 유지하는 일에 유익할 뿐 타락된 것을 재건할 수는 없다. 법이 강력한 힘을 발휘하는 동안에 검열관들을 확립시켜야 한다. 법이 이 힘을 상실하기만 하면 모든 것은 절망적이다. 법이 정당성을 상실하면 어떠한 정당한 것도 힘을 발휘하지 못한다.

통제는 여론이 타락하는 것을 막음으로써, 현명한 조치에 의해 여론의 굳은 정신을 보존함으로써, 때로는 여전히 불확실한 여론을 고정시킴으로써 풍습을 유지해 나간다. 프랑스 왕국에서 광적일 정도로까지 성행했던 결투에 입회자를 두어야 한다는 관례는 '비굴하게도 입회자를 부르는 자들에 관하여' 라는 왕의 칙령 몇 마디로써 폐지되었다.

국민의 판단을 앞지른 이 판단은 일거에 그것을 굳혀 버렸다. 그러나 같은 칙령이 결투하는 것 역시 비겁한 일이라고 선언하려고 했을 때, 그것은 진실이었으나 일반 여론과는 어긋난 것으로서 사람들은 이미 이에 대해 자신의 판단을 내렸으므로 이 결정을 비웃었다.

나는 다른 곳에서[69] 공공의 여론은 결코 속박에 복종하지 않기 때문에 여론을 대변하기 위해 수립된

69) 이 장에서는 『달랑베르거에의 한』 속에서 상세히 논한 것을 다만 지적하는 것으로 그친다.

루소를 영속시키는 박물관

루소가 그의 집필에서 불러일으켰던 열정과 대부분의 출판물은 가장 위대한 예술가의 혼을 보여준다. 수천의 조각과 그림도 루소를 보여주기에 충분하다. 그는 나중에 카드, 포스터, 사진, 착색 석판, 엽서와 우표도 장식한다.

심판장에는 이 속박의 어떠한 흔적도 있어서는 안 된다고 말했다. 현대사회에서 완전히 자취를 감춘 이 기구가 로마인들과 특히 스파르타인들에게 어떤 기교로 운영되었는지에 대해 우리는 찬탄하지 않을 수 없다.

품행이 나쁜 한 사람이 스파르타의 의회에서 선량한 의견을 제시하자 민선 장관들은 이에는 개의치 않고 덕망 높은 시민으로 같은 의견을 제안하게 했다. 이것은 그 누구에게도 칭찬도 비난도 가함이 없이 한 편에게는 그 얼마나 큰 명예이며, 다른 한편에게는 그 얼마나 큰 수치인가!

사모스[70]의 몇몇 주정뱅이들이 민선 장관의 법정을 더럽힌 일이 있었다. 그러자 다음날 공고로 사모스 사람들은 속된 자가 될 수 있다는 허가가 내려졌다. 이와 같은 징벌의 면제는 징벌 그 자체보다 한결 가

70) 그들은 다른 섬(chio : 비어로서 '똥싸다' 와 같은 어원) 사람들이었는데 우리말의 품위는 이 자리에서 감히 이 섬의 이름을 부르는 것을 금하고 있다.

혹한 것이었을 것이다.

스파르타가 정직한 것과 정직하지 않은 것에 대해 판결을 내렸을 때, 그리스는 그 판결에 대해 상소하지 않았다.

제8장 _ 시민의 종교

처음에 사람들은 왕을 갖지 않고 신을 가졌다. 그래서 그들의 정치는 신정이었다. 그들은 칼리굴라[71]의 논리를 따랐다. 그들의 논리는 옳은 것이었다. 사람들이 그들과 같은 인간을 지배자로 섬기고 그것으로 만족하리라고 자신할 수 있기까지는 감정과 사상의 기나긴 변질 과정이 필요하다.

신이 모든 정치 사회의 장으로 추대되었다는 사실 하나만으로 국민의 수만큼이나 신들이 많았다는 결론이 내려진다. 서로 모르며 언제나 적대적인 두 국

71) Caligula : 로마의 제3대 황제. 처음에는 자유주의 체제를 펼쳤으나 후일 자신을 신으로 숭상하게 했다.

민은 오랫동안 같은 지배자를 인정할 수 없었다. 서로 싸우는 두 군대는 같은 지휘자에게 복종할 수 없다. 이리하여 국가 간의 분할에서 다신교가 유래되었고, 여기서 종교적이고 시민적인 불관용-이것은 앞으로 이야기될 것과 동일한 것이다-이 유래되었다.

그리스인들이 그들의 신을 미개인들에게서 다시 발견하려고 한 엉뚱한 생각은 자기 자신을 그들의 본래의 지배자로 자처하려는 데서 비롯된 것이었다. 그러나 몰로크[72], 사투르누스[73], 그리고 크로노스가 같은 신일 수 있다는 것처럼, 페니키아인들의 바알신, 그리스인들의 제우스신, 라틴 민족의 주피터신이 같은 신일 수 있다는 것처럼, 각기 다른 이름을 가진 가공적인 존재들에 공통된 그 무엇인가가 있는 것처럼 오늘날 여러 민족의 신을 동일시하려는 학문은 우스운 것이다.

국가마다 그들 자신들의 종교 신앙과 신을 가지고

---

72) Moloch : 셈족의 신.

73) Saturnus : 로마 신화에 나오는 신.

있었던 다신교 시대에 왜 종교전쟁이 없었느냐고 묻는다면, 나는 이 사실 때문에 고유한 종교와 정부를 가진 각 국가는 그들의 법과 신을 구분하지 않았다고 대답할 것이다. 정치전쟁은 종교전쟁이기도 했다. 말하자면 신의 관할 구역은 민족의 경계로서 정해져 있었다.

한 민족의 신은 다른 민족에 대해 아무런 권리도 없었다. 이교도들의 신은 결코 질투의 신이 아니었다. 그들은 서로 지상의 왕국을 나누어 가졌다. 모세 자신도 그리고 히브리 민족도 이스라엘의 신을 말함으로써 이 생각을 받아들였다. 사실 그들은 가나안 사람들의 신을 업신여겼다. 가나안 사람들은 추방당하고 멸망해야 할 백성이므로 그들의 땅은 이스라엘 민족이 차지해야 할 자리라고 생각했다. 그러나 그들이 공격해서는 안 될 이웃 백성들의 신에 대하여 그들이 어떻게 말하고 있는가를 보라.

"당신들의 신 샤모스에게 속한 것을 소유하는 것은 당신들의 정당한 권리가 아니겠는가?"[74] 제프테는 아몽인들에게 말했다.

"우리도 같은 이유로 우리의 승리의 신이 정복한 땅

을 소유하고 있다."

이것은 샤모스신의 권리와 이스라엘의 신의 권리가 동등하다는 것을 인정한 것으로 보인다.

그러나 유대인들이 바빌론의 왕, 그 후에는 시리아의 왕에 예속되면서도 그들의 신 이외의 다른 신을 인정하는 것을 집요하게 거부하였을 때, 이 거부는 정복자에 대한 반란으로 간주되어 그들의 역사 속에서 보는 바와 같은 압박을 자초케 하였다. 이와 같은 압박은 그리스도교 이전에는 다른 예를 찾아 볼 수 없다.[75)]

---

74) Nonne ea quae possidet Chamos deus tuus tibi jure debentu? 라틴어역 성서의 텍스트는 이상과 같다. 드카리엘 신부는 다음과 같이 해석하였다. "당신들은 당신들의 신 샤모스에 속한 것을 소유할 권리를 가지고 있다고 생각하지 않습니까?" 나는 히브리 원전의 힘이 어떤 것인지 모른다. 그러나 나는 라틴어역 성서 가운데 제프테가 샤모스신의 권리를 명확히 인정하는 것을 보려면 프랑스어 번역자가 라틴어 속에는 없는 '당신들 생각으로는' 라는 말로 인정을 약화시키고 있다는 것을 알 수 있다.

75) 성전(聖戰)이라고 불린 포세아인의 전쟁이 종교전쟁이 아니었다는 것은 명백하다. 이 전쟁의 목적은 독신자를 벌하는 것에 있었지 불신자를 굴복시키는 것이 아니었다.

따라서 각 종교는 오직 이를 규정지은 국가의 법률과 결부되어 있었기 때문에 한 민족을 개종하는 방법은 그들을 굴복시키는 일뿐이었다. 정복자 외에 다른 전도자가 있을 수 없었기 때문이다. 종교를 바꾸는 의무는 패자들의 법이었기 때문에 그것이 문제되기 전에 먼저 승리해야만 했다. 사람들이 신을 위해 싸운 것이 아니라, 호메로스에서 보는 바와 같이 신들이 사람들을 위해 싸웠다. 민족마다 자기의 신에게 승리를 요청했고, 승리에 대하여 새로운 재단으로 빚을 갚았다.

로마인들은 한 곳을 점령하기 전에 그곳의 신들로 하여금 포기할 것을 종용하였다. 로마인들이 타렌트의 신이 자기네들의 신에 예속된 것으로, 그리고 복종을 서약하지 않을 수 없게 된 것으로 간주하였기 때문에 그들을 자신들의 분노한 신에게 예속시켰다. 그들은 정복된 민족에게 그들의 법을 허용한 것과 같이 그들의 신을 허용하였다. 캐피털 신전의 주피터 신에게 바치는 화환이 보통 그들이 요구한 유일한 공물이었다.

결국 로마인들은 그들의 왕국과 더불어 그들의 종

교와 신을 넓혀 나갔고, 정복된 민족의 신들에게 존속의 권리를 인정함으로써 방대한 민족들은 어디서나 자연스럽게 신과 종교를 갖게 되었다. 이것이 다신교가 단 하나의 유일한 종교로 세상에 알려지게 된 이유이기도 하다.

예수가 이 땅 위에 정신적 왕국을 수립하려고 온 것은 이러한 상황에서였다. 그 결과 종교체제와 정치체제를 분리시킴으로써 국가는 더 이상 하나가 될 수 없었으며, 그리스도교 국민을 끊임없이 괴롭힌 내분을 초래했다.

그런데 하늘의 왕국이란 새로운 개념은 이교도의 머릿속에 받아들여질 수 없었기 때문에 이들은 항상 그리스도교 교인을 어김없는 반란자–위선적인 복종 아래 독립과 주권을 되찾을 순간만을 노리며, 무력 속에서 존중하는 듯이 가장하며, 지배권을 교묘히 가로챌 순간만을 노리는 반란자–로 간주하였다. 이것이 곧 박해의 원인이었다.

이교도들이 우려했던 일이 일어났다. 겸허하다는 그리스도 교인들은 말투를 바꾸었으며 소위 하늘나라라는 왕국은 이윽고 눈에 보이는 지배자 아래 이 지상에서 가장 난폭한 독재 체제가 되어 갔다.

그러나 항상 군주와 시민법은 있어 왔기 때문에, 이 이중의 세력에서 끊임없는 지배권의 갈등이 유래되었다. 이 갈등은 그리스도교 국가에서의 모든 훌륭한 정치를 불가능하게 만들었다. 국민은 군주와 사제 중에서 그 누구에게 복종해야 할 것인가를 끝내 알 수가 없었다.

그러나 유럽 안에서 혹은 인접한 지역에서 몇몇 국민은 옛 체제를 보존하거나 재건하려고 하였으나 성공을 거두지 못하였다. 그리스도교 정신이 모든 것에 침투했다. 성스러운 종교는 항상 통치자로부터 독립되어 왔거나 그렇지 않았어도 결국 그렇게 되었으며, 국가의 기구와 필연적인 관련을 맺지 않았다.

마호멧은 매우 건전한 생각을 가지고 그의 정치체제를 한 곳으로 묶었다. 이 정부의 형태가 그의 후계자인 칼리프들에 의해 유지되는 동안 정부는 분명히 하나였고, 그 점에서 훌륭했다. 그러나 번영하며 지식을 쌓고 세련되었으나 글 만들기를 좋아하여 나약하고 비굴해진 아랍인들은 야만인들에 의해 정복당했다.

이때 두 권력의 분열이 다시 시작되었다. 이 분열은 회교도들에게는 그리스도 교도들만큼 두드러진 것은 아니라 할지라도 틀림없이 존재하고 있었으며, 특히 알리족에게 그러했다. 페르시아와 같은 나라들에서 이 분열은 끊임없이 일어났다.

우리 주변에서 영국의 왕은 러시아 황제가 그렇게 한 것처럼 교회의 장이 되었다. 그러나 이 자격만 갖고서는 그들의 사제들보다도 약한 힘만을 부여받을 수밖에 없었다. 그들은 교회를 변화시키는 권리보다는 교회를 유지시키는 힘을 얻었다.

그들은 이곳에서 입법자가 될 수는 없으며 집행자일 뿐이다. 어디서나 성직자들이 한 집단을 이루는 곳에서[76] 그들이 그 조국의 주인이자 입법자가 된다. 따라서 영국과 러시아에도 다른 곳에서와 마찬가지로 두 권력, 두 지배자가 있다.

모든 그리스도교 사상가들 중에서 철학자 홉스만이 결함과 해결책을 똑바로 보고, 양자를 결합시켜 모든 것을 정치적 통합으로 귀착시킬 것을 제안한 유일한 사람이었다. 이 정치적 통합 없이는 국가도 정부도 올바르게 구성될 수 없었다.

그러나 그는 그리스도교의 지배적 정신이 자신의 체계와 양립할 수 없다는 것과 사제의 이익은 항상 국가의 이익보다 더 강하다는 것을 깨달아야만 했다. 한편 사람들이 그의 정치학을 혐오하게 만든 것은 그것이 내포하고 있는 끔찍하고 그릇된 부분이 아니라 정당하고 참된 부분이다.[77)]

이와 같은 관점에서 역사적 사건들을 고찰할 때,

---

76) 사제들을 한 조직으로 묶는 것은 프랑스의 총회와 같은 형식적인 총회라기보다 차라리 교회의 성체배령이라는 것을 지적하지 않으면 안 된다. 성체배령과 파문은 사제들의 사회적 계약, 즉 그들이 국민과 왕들의 지배자가 될 수 있는 그런 계약이다. 함께 성체배령에 임하는 모든 사제에게 있어 그들이 세계의 양극에서 왔다고 할지라도 한 시민에 불과하다. 이 발명은 정치에서의 걸작품이다. 이교의 사제들에게는 이와 유사한 것이 아무것도 없으며 그러기에 이들은 하나로서 일을 이룬 적이 없었다.

77) 다른 것에 앞서 흐로티위스가 동생에게 보낸 1643년 4월 11일부의 서한 속에서, '시민론' 에 관하여 이 유식한 사람이 동의하는 것과 비난하는 것을 보기 바란다. 그가 관대한 마음에 이끌려 저자의 결점을 옹호하기 위해 좋은 점을 높이 사는 듯이 보인다는 것은 사실이다. 그러나 모든 사람이 그렇게 관대하지는 않다.

벨[78]과 워버튼[79]의 상반된 견해를 쉽게 반박할 수 있을 것이다. 전자는 어떠한 종교도 정치체제에 불필요하다고 하였고, 반대로 후자는 그리스도교는 가장 견고한 지주가 된다고 주장하였다.

그러나 나는 전자에 대해서 종교가 그 기반을 이룰 때 국가가 세워졌다는 것을 입증함으로써 반박할 수 있다. 후자에 대해서는 그리스도교의 법은 사실 국가의 강력한 구성에 유익하다기보다 해롭다는 것을 입증할 뿐이라고 말하겠다. 내 입장을 완전히 이해시키기 위해서는 내 주제와 관련된 너무나도 막연한 종교관을 좀 더 명확히 밝히는 것으로 충분하다.

사회와의 관련하에서 고찰된 종교는 전체적인 것이든 특수한 것이든 간에 두 종류, 즉 인간의 종교와 시민의 종교로 나누어질 수 있다. 전자는 사원, 제단, 그리고 의식이 없이 최고의 신에게 내면적인 헌신과 도덕의 영원한 의무로 한정되며, 복음서의 순수하고 단순한 종교이고, 참된 유신론이며, 본래적인 신앙의

---

78) Bayle 1647~1706년 : 17세기 후반의 프랑스 사상가로 '역사사전'의 제자.

79) Warburton : 영국의 주교이자 신학자.

권리라고 부를 수 있는 것이다. 후자는 한 국가에 적용된 것으로 그의 신과 그의 독자적인 후견인을 제공한다.

종교는 그의 교리와 의식, 그리고 법에 의해 제정된 외형적인 예식을 가지고 있다. 따라서 이 종교를 따르는 유일한 국가 외의 모든 사람에게는 모든 것이 불신이며, 이방이며, 야만이다. 이 종교는 인간의 의무와 권리를 제단에 한정시키며 더 이상 확대시키지 않는다. 초대 민족의 모든 종교는 이와 같은 것이었다. 우리는 이에 시민적인 혹은 실제적인 신앙의 권리라는 이름을 붙일 수 있을 것이다.

이와 아울러 한결 기이한 제3의 종교가 있다. 그것은 인간에게 두 개의 법, 두 사람의 장, 두 개의 조국을 안겨 주고, 그들을 모순되는 의무에 복종시키며 그들이 신자이자 시민이 될 수 있는 길을 가로막고 있다. 라마교, 일본인의 종교, 로마 그리스도교의 경우가 그러하다. 이 종교는 사제의 종교라 부를 수 있을 것이다. 이로부터 뭐라 단언할 수 없는 혼합되고 비사회적인 권리가 유래된다.

이 세 종류의 종교를 정치적으로 고찰하건대 그것들은 각기 결함을 가지고 있다. 제3의 종교는 그 결함이 너무나도 명백하기 때문에 그것을 제시하려고 하는 것은 시간 낭비일 뿐이다. 사회적 통합을 깨뜨리는 모든 것은 아무 가치가 없다. 인간 자신을 모순에 빠뜨리는 모든 체제는 아무 가치가 없다.

제2의 종교는 신앙과 법에 대한 사랑을 결합시키는 점에서, 조국을 시민들의 사랑의 대상으로 만들면서도 그들로 하여금 국가에 봉사하는 것이 나라를 보호하는 신에 봉사하는 것임을 깨닫게 하는 점에서 훌륭한 것이다. 이것은 일종의 신정으로 그 안에서는 군주 이외에 다른 대주교는 없고, 관리 이외의 다른 사제들은 없다.

따라서 나라를 위해 죽는 것은 순교하는 것과 같고, 법을 범하는 것은 불신과 같으며, 범인을 대중의 증오에 내맡기는 것은 신의 분노에 그를 바치는 것과 같다. 즉, 그는 신에게 바쳐진 재물이다.

그러나 이 종교는 오류와 기만 위에 세워진 것으로 인간을 속이고 그들을 미신적인 사람으로 만들며, 신에 대한 참된 믿음을 헛된 의식 속에 묻히게 하는 점

제네바의 시민으로 회복된 루소

제네바, 루소가 프로테스탄트의 성직을 뒤엎었던 곳이며 그가 시민권을 포기했던 곳이다. 그럼에도 불구하고 그의 죽음 후인 1792년 12월 12일에 국민의회가 루소와 그의 일을 나무라고 있는 모든 정치적인 결정을 무효화했다.

에서 옳지 못하다. 그것은 배타적이고 폭군적인 것이 되어 백성들을 잔인하고 편협한 국민으로 되게 할 때 좋지 못한 것이 된다.

이렇게 됨으로써 국민은 살인과 살육만을 일삼으며, 그 누구나 그들의 신을 받아들이지 않는 자를 죽일 때 성스러운 행동을 했다고 믿게 된다. 이로써 한 민족은 다른 모든 민족과 자연적으로 전쟁의 상태에 빠져 들어간다. 이것은 그들 자신의 안전에 몹시 해로운 것이다.

따라서 남은 것은 인간의 종교 또는 그리스도교뿐이다. 오늘의 그리스도교가 아니라 그와는 전적으로 다른 복음서의 그리스도교이다. 성스럽고 고귀하고 참된 종교로 같은 신의 아들인 인간들은 모두 서로를 형제로 생각하며 그들을 결합하는 사회는 영원히 와해되지 않는다.

그러나 이 종교는 정체 체제와 아무런 특수한 관련도 맺지 않는 만큼 법은 그 자체에서 발휘되는 힘을 가질 뿐 거기에 다른 힘이 부가되지 않는다. 이로써 특수 사회의 한 커다란 유대는 아무런 효력도 없는 것이다. 그뿐만 아니라 시민들의 마음을 국가에 결부시키기는커녕 지상의 모든 것과 마찬가지로 이것에서 분리시킨다. 나는 이보다 더 사회정신에 어긋나는 것이 없다고 생각한다.

참된 그리스도 교인들은 상상할 수 있는 한 가장 완벽한 사회를 구성할 것이라고 사람들은 말한다. 그러나 나는 이와 같은 가정에 단 하나의 난점을 볼 따름이다. 참된 그리스도 교인의 사회는 인간의 사회가 아닌 것이다.

뿐만 아니라 이와 같은 사회는 그 모든 완벽에도 불구하고 가장 강력한 것도, 가장 영속적인 것도 아니라고 생각한다. 완벽한 나머지 이 사회는 파괴의 화근을 안고 있는 것이다.

각자는 그의 의무를 다할 것이고, 국민은 법에 복종할 것이며, 국가의 수반들은 의롭고 온건할 것이고, 관리들은 청렴결백할 것이며, 군인들은 죽음을 두려워하지 않을 것이고, 허영도 사치도 난무하지 않을 것이다. 이 모든 것은 매우 훌륭한 것이지만 좀 더 자세히 살펴보자.

그리스도교는 전적으로 영적인 종교로 오직 하늘의 일에 전념하는 종교이다. 그리스도 교인의 조국은 이 지상의 것이 아니다. 그는 사실 자신의 의무를 수행한다. 그러나 그의 행동의 결과가 좋고 나쁜 것에 대해서는 완전히 무관심한 체 행동한다. 그 자신 스스로 뉘우칠 일이 없기만 하면 이 지상의 모든 일이 잘되거나 못되거나 그에게는 무관하다. 국가가 번영할 때 그는 이 공동의 축복을 감히 누리려 하지 않으며, 나라의 영광으로 오만해질까 두려워한다. 나라가 쇠퇴하면 그는 그들 백성을 짓누르는 신의 손을 축복한다.

사회가 평화롭고 조화가 유지되려면 모든 시민이 예외 없이 다 같은 훌륭한 그리스도 교인이어야 한다. 그러나 불행히도 그 가운데 단 한 사람의 야심가, 단 한 사람의 위선자, 가령 카틸리나와 크롬웰과 같은 자가 있다면 틀림없이 믿음이 깊은 동포를 업신여길 것이다.

그리스도교의 사랑은 이웃을 나쁘게 생각하는 것을 쉽사리 허락하지 않는다. 그러므로 이런 야심가가 어떤 간계로 국민을 기만하고 공권력의 일부를 차지할 기술을 발견하면 그는 윗사람으로 행세한다. 그는 한 세력으로 등장하며 국민은 신이 그를 존경할 것을 원하고, 그에게 복종할 것을 원한다고 생각한다.

이 세력을 가진 자가 이를 남용하기라도 하면 그것은 신이 그의 아들들을 벌하는 바와 다름없다. 사람들은 찬탈자를 축출할 것을 스스로 궁리할 것이다. 그러자면 국가의 화평을 어지럽히고 폭력을 사용해야 하고 피를 흘리게 해야 할 것이다. 그러나 이 모든 것은 그리스도 교인의 온순함에 잘 어울리지 않는다. 따라서 결국 이 불행의 골짜기에서 자유롭거나 노예가 되거나 무슨 상관이 있단 말인가? 중요한 것은 천국에 가는 일이며, 체념은 이를 위한 또 하나의 방법일 따름이다.

외국과 전쟁이 일어나면 시민들은 기꺼이 싸움터로 나아갈 것이다. 그들 중 아무도 도망갈 생각을 하지 않는다. 그들 모두가 그들의 의무를 수행한다. 그러나 그들은 승리하겠다는 열정 없이 싸운다. 그들은 정복할 줄 아는 것보다 죽음을 더 잘 안다. 그들이 승리자가 되거나 패배자가 되거나 그것은 그들에게 문제가 되지 않는다. 신의 섭리는 그들에게 필요한 것이 무엇인가를 그들보다 더 잘 알고 있지 않은가?

오만하고 격렬하고 열광적인 적군이 이들의 금욕주의에서 얼마나 큰 이득을 얻을 수 있는가를 상상해 보라. 이들과 대항하는 영광과 조국에 대한 열렬한 사랑으로 불타고 있는 용감한 국민을 상상해 보라. 스파르타나 로마와 마주하고 있는 당신네들의 그리스도교 공화국을 가정해 보라. 믿음 깊은 그리스도 교인들은 정신을 차릴 겨를도 없이 공격당하고 짓눌리고 패망하거나, 그들에 대한 적의 경멸을 감수함으로써 목숨을 건질 것이다.

나는 파비우스[80]의 군대의 맹세를 훌륭한 것으로 생각한다. 그들은 죽거나 승리할 것을 맹세하지 않고, 승리자로서 돌아올 것을 맹세하였으며 이 맹세를 지켰다. 그리스도 교인들은 이와 같은 맹세는 하지 않을 것이다. 왜냐하면 그들은 이것이 신을 시험하는 것이라고 생각했을 것이기 때문이다.

그러나 내가 그리스도교 공화국이라 말한 것은 잘못이다. 이 두 말은 각기 서로를 배제한다. 그리스도교는 굴종과 예속만을 가르친다. 그리스도교 정신은 압제에 너무나도 유리한 것이어서 압제는 항상 이것을 이용한다. 참된 그리스도 교인은 노예가 되기 위해 만들어져 있다. 그들은 이것을 알고 있으나 별로 이것에 개의치 않는다. 왜냐하면 이 짧은 인생은 그들에게는 너무나 가치 없는 것이기 때문이다.

그리스도교 군대는 훌륭한 군대라고 사람들은 말한다. 나는 그렇지 않다고 생각한다. 그런 군대가 있다

80) Fabius 기원전 274～203 : 로마의 정치가.

면 내게 보여 달라. 나로서는 그리스도교 군대가 있다는 것을 알지 못한다. 사람들은 십자군 원정을 예로 들지 모르나, 십자군 병사들의 용기에 관해서 논하지 않더라도, 이들이 그리스도교 교인이기는커녕 사제의 병사들이었다는 사실을 지적하고 싶다.

그들은 교회의 시민이었다. 그들은 교회의 영적 조국을 위해 싸우고 있다. 그 조국은 교회가 그 어떤 이상한 방식으로 현세화된 영적 나라이다. 올바르게 판단해 보면 이것은 이교의 범주에 속하는 것이다. 복음은 국민 종교를 수립하는 것이 아니기 때문에 모든 성스러운 전쟁은 그리스도교 교인에게 불가능하다.

이교도 황제 치하에서 그리스도교 병사들은 용감했다. 모든 그리스도교 저술가들이 이 사실을 확언하고 있으며 나도 그렇다고 믿는다. 이것은 이교도 군대들에 대한 명예의 경쟁과 같은 것이었다. 황제가 그리스도 교인이 되자마자 이 경쟁은 사라졌으며, 십자가가 독수리를 추방한 후로 로마인의 모든 용기는 자취를 감추었다.

그러나 이제 정치적 고찰은 덮어두고 권리의 문제

로 되돌아가 이 중대한 문제에 관한 원리를 정립하자. 사회계약이 통치자에게 주는 신하들에 대한 권리는 이미 말한 바와 같이 공적 유용성의 한계를 넘지 못한다.[81] 따라서 신하들은 자신의 의견이 공동체에 관련되는 범위 내에서만 통치자에 대해서 책임질 의무가 있다.

그런데 국가로서는 각 시민이 그의 의무를 사랑하도록 만드는 종교를 갖는 것이 매우 중요하다. 그러나 이 종교의 교리는 윤리와 관련되는 범위 안에서, 그리고 이 종교를 믿는 자가 타인에 대해서 지키지 않으면 안 될 의무와 관련되는 범위 안에서 각 시민은 국가와 그 구성원과 관계를 맺는다.

각자는 그 외에 자기가 원하는 생각을 가질 수 있다. 통치자는 이것을 알 필요가 없다. 왜냐하면 통치

81) 다르장송 후작은 "공화국에서의 개인은 타인을 해치지 않은 한 완전히 자유롭다."라고 말했다. 이것은 변함 없는 한계이다. 이보다 더 정확히 설정할 수는 없다. 나는 대중에게 알려져 있지 않은 것이지만 이따금 이 글을 인용하는 기쁨을 물리칠 수 없다. 그리하여 관직에 있으면서도 참된 시민의 마음을 간직하였고, 정치에 관해 올바르고 건전한 견해를 가져왔던 빛나고 존경할 만한 한 인간에게 경의를 표하고 싶었다.

자는 영적 세계 속에서 아무런 권한도 없기 때문이다. 따라서 돌아올 세계에서 그들이 이 세상에서 선량한 시민이기만 하면 그의 신하들의 운명이 어떤 것일지에 관한 것은 그가 관여할 문제는 아니다.

따라서 순수하게 시민적인 신앙고백이 있는데 그 신조를 정하는 것은 통치자가 할 일이다. 그것은 종교의 교리로서가 아니라 사회적 성향으로서의 것이다. 이 성향 없이는 선량한 시민도 충실한 국민도 될 수 없다.[82] 그 누구에게도 이 신조를 믿도록 강요할 수 없다.

그러나 통치자는 누구나 이것을 믿지 않는 자를 국가에서 추방할 수 있다. 통치자는 그를 불신자로서가 아니라 비사회적인 자로서, 또한 사회 정의를 진지하

---

82) 케사르는 카틸리나(로마의 귀족으로서 원로원에 대한 음모로 처형당함)를 변호하면서 영혼과 죽음의 교리를 세우려고 노력하였다. 카톤과 키케로는 그를 반박하는 데 있어 철학적 논의를 펼치는 장난을 하지 않았다. 그들은 케사르가 옳지 못한 시민이라고 말하며, 국가에 해로운 이론을 주장한다는 것을 보여주는 것으로 그쳤다. 로마 원로원이 판단해야 할 문제는 이런 것이지 신학적 문제는 아니었다.

게 사랑할 수 없고 필요할 때 의무를 위해 목숨을 바칠 수 없는 자로서 추방할 수 있다. 누군가가 이 교리를 공공연히 시인한 다음 마치 이를 믿지 않는 것처럼 행동한다면 그는 죽음의 벌을 받아야 할 것이다. 그는 가장 큰 죄를 범한 것이며 법 앞에서 기만한 것이다.

시민 종교의 교리는 단순해야 하고, 설명도 해설도 없이 명확히 표현되어야 한다. 힘 있고 지혜롭고 은혜로우며 앞을 내다보고 대비하는 신의 존재, 돌아올 세계, 의인의 축복, 악인의 징벌, 사회계약과 법의 신성성, 이런 것들이 긍정적인 교리이다. 부정적인 교리로서는 단 하나, 즉 불관용으로 한정시킨다. 불관용은 우리가 배제한 종교에 속한다.

시민적 불관용과 종교적 불관용을 구별하는 것은 잘못이라고 생각한다. 이 두 종류의 불관용은 불가분의 것이다. 죄받은 자로 간주되는 사람들과 화평하게 살아간다는 것은 불가능하다. 그들을 사랑하는 것은 그들을 벌하는 신을 미워하는 것이 될 것이다. 그들이 되돌아서게 하거나 그들에게 고통을 가해야만 한다.

종교적 불관용이 허용된 곳에서는 어디서나 그것이 어떤 시민적 영향을 미친다.[83] 그런 영향이 미치는 날에는 통치자는 현세의 문제에서 통치자로서 힘을 상실한다. 그 후로 사제들이 참된 지배자가 되고 왕들은 사제들의 수족이 될 뿐이다.

이제 배타적인 국민 종교가 없고, 있을 수도 없으니, 교리가 시민의 의무와 전혀 어긋나지 않는 한 다른 종교들을 너그럽게 인정하는 모든 종교들은 그 인정을 받아야 한다. 그러나 국가가 교회가 아니고 왕이 대제사장이 아니면 '교회 밖에는 구원이 없다.' 라

---

83) 결혼은 시민계약으로 민법의 효력을 가지며 이 효력 없이는 사회가 존속하는 것이 불가능하기까지 한다. 그런데 어떤 성직자들이 이 행위를 인가하는 권리를 교묘하게 독점하는 데 성공했다고 가정해 보자. 이렇게 되면 교회의 권위를 적절히 내세움으로 그들은 왕의 권위를 공허한 것으로 만들며, 왕은 이들이 그에게 넘겨주기로 동의한 신하만을 다스리지 못하게 된다는 것은 명백한 일이다. 사람들을 결혼시키느냐 안 시키느냐를 다루는 데 있어 그들이 어떤 특정한 교리를 따르느냐 안 따르느냐, 그들이 어떤 특정한 형식을 받아들이느냐 거부하느냐, 신중하게 행동하고 꿋꿋이 살아가며 얼마만큼이나 헌신적이냐에 따라 결정지을 권리를 가지고 있는 이들이 유산과 직위와 시민과 그리고 국가를 단독으로 좌우할 수 있다는 것은 명백한 일이 아니겠는가.→

고 감히 말하는 사람은 누구나 국가에서 추방되어야 한다.

이와 같은 교리는 신정체제에서만 유용할 것이다. 이런 교리는 다른 모든 체제에서는 해로울 뿐이다. 앙리 4세가 가톨릭교를 신봉하였다고 말하는 것은 모든 성실한 사람들로 하여금, 특히 사리를 판단할 줄 아는 모든 왕으로 하여금 이 종교를 버리게 할 만한 것이다.

→ 이때 국가는 오직 사생아들로 구성되어 있는 만큼 더 이상 존속할 수 없을 것이다. 그러나 사람들은 직권남용으로서 상소하고 연기시키며 영장을 발급하고 지상권을 압류할 것이라고 말할지도 모른다. 이런 가련한 생각이 어디 있겠는가! 성직자들이 조금이라도 양식 - 용기가 아니라 - 이 있다면 그들을 그대로 내버려두며 유유히 일을 해 나갈 것이다. 그들은 동요 없이 상소하고 연기시키며 영장을 발급하고 압류하게 내버려 둘 것이다. 그럼에도 불구하고 지배자가 되고야 말 것이다. 모든 것을 차지하는 것이 확실할 때 일부분을 포기하는 것은 커다란 희생이 되지 않는다고 나는 생각한다.

제9장 _ 결론

정치적 권리의 참된 원리를 정립하고 그 원리의 기초 위에 국가를 세우도록 노력한 다음 국제법, 상업, 전쟁과 정복의 권리, 공법, 동맹, 협상, 그리고 협정 등이 포함된 국가의 대외 관계를 고려하는 것으로 나의 연구를 끝내야 한다.

그러나 이 모든 것은 나의 빈약한 안목으로는 너무나도 광범위한 새로운 주제에 해당된다. 따라서 나는 나의 안목을 언제나 나의 능력 안에서 보다 더 많은 문제에 고정시켜야만 했다.

루소 연보

1712년 6월 28일 스위스 제네바에서 시계 수리공인 아버지 이삭 루소(40세), 어머니 슈잔 베르나르(39세) 사이에서 태어남. 태어난 지 10일 만에 어머니 사망. 그 후 고모 쉬종 루소에 의해 양육.

1720년(8세) 이즈음 아버지와 함께 문학서적과 역사서적, 『플루타르크 영웅전』 등을 읽으며 감동을 받음.

1722년(10세) 10월, 아버지는 퇴역군인과의 싸움으로 제네바를 떠나 리옹에 감. 외삼촌 베르나르에게 맡겨짐. 그 후 다시 사촌 아브람므와 함께 제네바 근교에 있는 신교목사 랑베르시에 집에 보내짐. 자연의 아름다운 인상에 감동을 받게 됨.

1724년(12세) 겨울, 제네바로 돌아감. 외삼촌 가브리엘 베르나르 밑에서 지내다 법원 서기인 마슬롱의 조수가 됨.

1725년(13세) 4월말에 5년 계약으로 조금사(彫金師) 뒤곰망의 수습공이 됨.

1726년(14세) 3월 5일 아버지 리옹에서 재혼.

1728년(16세) 3월 14일 친구와 교외에서 놀다가 늦어져 시내로 돌아갈 수 없게 되자 가출을 결심하고 이튿날 고국 제네바를 떠나 방랑생활을 시작. 3월 21일 안시에 도착하여 꽁피뇽 사제의 소개로 바랑 부인(29세)을 만남. 부인은 결혼에 실패하고 스위스에서 온 개종자였는데 사르바 국왕으로부터 보호를 받고 있었음. 부인의 주선으로 트리노의 구호소에 들어가 4월 가톨릭으로 개종함. 3개월 뒤에 베르셀리스 부인의 하인 노릇을 함. 이즈음 겜므 신부를 알게 되어 구봉 신부의 비서가 됨.

1729년(17세) 6월경 안시의 바랑 부인 집으로 돌아가 기숙. 여름과 가을에 걸쳐 2개월 동안 신학을 배우고 라자리스트의 신학교에 들어가 음악가 르케트르의 지도를 받음. 바랑 부인을 어머니라 부르고 다정히 지냄.

1730년(18세) 4월 로메트르와 리옹에 갔으나 그를 두고 혼자 돌아옴. 바랑 부인이 없었기 때문에 여기저기로 돌아다니며 뇌샤뗄에서 음악교사를 함.

1731년(19세) 6월에 파리로 가서 군인의 종복이 됨. 7월부터 파리, 리옹, 샹베리에를 돌다 9월에 샹베리에의 바랑 부인 집에 정착. 10월 사브와 왕국의 지적조사과에 근무함.

1732년(20세) 지적조사과를 그만두고 음악교사가 됨. 바랑 부인의 애인이 됨.

1735년(23세) (또는 1736)여름부터 가을까지 바랑 부인과 함께 레 샤르메트에 체재.

1737년(25세) 6월 화학실험 사고로 일시 실명. 7월 말 어머니의 유산을 상속받기 위하여 제네바로 감. 가을에 요양차 몽

페리에게 감.

1738년(26세) 봄에 샹베리에로 돌아갔으나 바랑 부인의 사랑이 식었음을 알고 그 해부터 이듬해까지 레 샤르메트에서 자기 교육에 몰두.

1739년(27세) 3월 레 샤르메트에서 독학. 런던에서 『바랑 남작 부인의 과수원』 간행.

1740년(28세) 다시 샹베리에를 떠나 리옹에 감. 마브리가(家)의 가정교사가 됨. 연말에 '생트 마리의 교육을 위한 계획안'을 씀.

1741년(29세) 레 샤르메트에서 병이 남. 독서와 연구, 리옹을 거쳐 8월에 파리 도착. '악보의 신기호안'을 과학아카데미에 제출. 그 이듬해 『현대 음악론』으로 출판, 디드로와 사귐.

1743년(31세) 『보르도 씨에게 보내는 편지』 출판. 봄에 뒤팽 부인의 소개로 그 사위와 사귐. 6월에 베네치아 주재 프랑스 대사 몽태규 백작의 비서가 되어 9월에 베네치아에 도착.

1744년(32세) 『정치제도론』, 『사회계약론』 최초 구상. 8월 대사와의 의견 충돌로 사직. 정치와 인간에 대한 불신으로 베네치아를 떠나 10월 파리로 돌아옴.

1745년(33세) 3월 하숙집 하녀 테레즈 르바쇠르(23세)와 알게 됨(그녀는 평생의 반려자가 됨). 오페라 '사랑의 시신'을 완성하여 상연. 디드로, 콩디약과 사귐. 볼테르와 라모의 합작오페라 '라미르의 잔치'의 개작을 부탁 받음. 볼테르와 편지 교환. 가을에 뒤팽 부인의 사위 프랑퀴이의 비서가 됨.

1746년(34세) 겨울에 첫 아이가 탄생하였지만 곧 고아원에 맡김. 이하 다섯 아이가 같은 방법으로 버려져 자식들은 영원히 행방불명됨.

1747년(35세) 5월에 아버지 사망으로 유산을 받음.

1749년(37세) 1월~3월 달랑베르로부터 『백과전서』의 음악 부문을 의뢰 받고 집필. 10월 벵쎈느로 옥중의 디드로를 만나러 가던 중 읽고 있던 잡지에서 디죵 아카데미의 논문 공모 '학문과 예술의 발달이 도덕의 순화에 기여했는가 아닌가' 에 응모하기 위해 논문 집필. 겨울부터 테레즈와 살림을 시작함.

1750년(38세) 7월 디죵 아카데미에 '학문과 예술론' 당선. 그 해 연말 제네바의 바리요 서점에서 출판.

1751년(39세) 자기 개혁을 결심하고 프랑퀴이의 비서 사직. 악보필사로서 생계를 이음. 봄에 세 번째 아이를 고아원에 보냄. '학문과 예술론' 의 반론에 대해 '그림에게 보내는 편지' 로 응수.

1752년(40세) 『보르도 씨에게 보내는 회답』을 출판하여 붐을 일으킴. 오페라 '마을의 점쟁이' 를 작곡하고 10월에 상연되어 호평. 국왕 알현을 거부하고 연금신청을 받아들이지 않음. 연말에 떼아뜨르 프랑세즈에서 오페라 '나르시스' 상연. '나르시스 서문' 을 씀.

1753년(41세) 11월에 또다시 디죵 아카데미의 현상논문에 응모할 것을 결심하고 구상 함. '프랑스 음악에 관해서' 의 편지를 출판해 오페라 극장의 무료입장권을 정지당함.

1754년(42세) 4월 현상 제2논문 『인간 불평등 기원론』 완성. 6월, 테레즈와 제네바로 향함. 도중에 샹베리에서 바랑 부인과 만남. 8월에 제네바에서 재 개종한 뒤 시민권을 다시 얻음. 『정치제도론』 초고 착수. 10월에 파리로 돌아가 『인간 불평등 기원론』을 레이 서점에 넘김.

1755년(43세) 4월 20일 『인간 불평등 기원론』을 암스테르담 레이 서점에서 간행. 가을에 에피네 부인의 에르미타쥬를 봄. '정치경제론' 을 『백과전서』에 발표.

1756년(44세) 4월 9일, 테레즈와 그녀의 어머니를 데리고 함께 에르미타쥬(은자암)로 옮겨 삶. 쌩 삐에르 신부의 『영구 평화론』, 『다원 의회론(多元議會論)』 발췌를 씀. 8월 '섭리에 관한 편지' 를 볼테르에게 씀. 여름부터 가을까지 『신 엘로이즈』의 인물을 구상함.

1757년(45세) 1월, 두데토 부인 에르미타쥬를 방문. 봄에 두데토 부인과 사랑에 빠짐. 11월, 『소피에게 보내는 편지-도덕서한』을 씀. 12월 에르미타쥬를 떠나서 몽루이로 옮김.

1758년(46세) 3월 『연극에 관한 달랑베르에게 보내는 편지』 완성(레이 서점에서 간행). 9월 『신 엘로이즈』 완성을 서점에 통보. 『에밀』 집필.

1759년(47세) 5월, 룩상브르 원수의 집에 기거하면서 『에밀』 제5권을 씀.

1760년(48세) 『에밀』, 『사회계약론』 집필. 11월 『신 엘로이즈』를 레이 서점에서 초판, 발매에 앞서 파리 루앙 서점 이름으로 파리로 발송했으나 검열에 걸림.

1761년(49세) 1월 『신 엘로이즈』 출판, 파리에서 발매하여 성공을 거둠. 6월 중병, 죽음이 가까워진 것을 알고 테레즈를 룩상브르 부인에게 부탁, 부인은 고아원에 맡겼던 루소의 맏아들을 찾으려 했으나 못 찾음. 여름에 『에밀』과 『사회계약론』 완성. 11월, 『에밀』의 인쇄가 진척되지 않자 음모를 의심함. 12월 레이, 루소에게 자서전을 쓸 것을 권고.

1762년(50세) 1월 『마르제르브 장관에게 보내는 네 통의 편지』 집필. 4월 초 『사회계약론』 출판. 5월 말 『에밀』 출판. 6월 초 『파리의 편지』를 씀. 소르본느와 고등법원 『에밀』 금서처분, 체포령을 내림. 쉬스베르느 공화국으로 도망감. 제네바에서도 상기 두 서적에 대해서 금서 처분. 7월 스위스를 떠나 프러시아 왕의 영지 모티에로 들어가 스코틀랜드의 세습원수(世襲元帥) 대공령의 총독인 조지 키스의 보호를 받음. 바랑 부인 사망.

1763년(51세) 3월 『파리 대주교 크리스토프 보몽에 대한 변박서』 출판. 4월 뇌샤텔 시민권을 취득. 5월 제네바 시민권 포기.

1764년(52세) 7월 식물학에 전념. 『산으로부터의 편지』를 씀. 연말에 볼테르의 『시민의 소감』을 읽고 『고백』 집필 결심함.

1765년(53세) 3월 『산으로부터의 편지』가 파리에서 분서 처분. 10월 초 베른 시회로부터 퇴거 명령. 10월 말 베를린을 향해 출발. 스트라스부르에 도착. 11월 말 영국에 갈 결심을 하고 12월 9일 출발하여 16일에 파리 도착. 12월 『고백』 집필에 필요한 자료를 스위스의 친구 뒤뻬루에게 부탁.

1766년(54세) 1월 4일 흄 일행들과 함께 파리를 떠나 1월 13일 런던에 도착. 2월에 테레즈도 옴. 3월 19일 이어 따라온 보즈웰, 길레즈 두 사람과 함께 웃톤으로 옮김. 흄과 다툼. 웃톤의 다벤포드 집에서 『고백』 제1부를 씀.

1767년(55세) 3월 조지 3세로부터 연금 받음. 5월 초 테레즈와 함께 웃톤 출발. 6월 21일 콩티공의 트리 성 도착. 가을에 병이 남. 11월『음악 사전』출판.

1768년(56세) 봄,『고백』을 비롯한 모든 원고를 고메르 퐁떼느 수도원의 나따이야끄 부인에게 맡김. 파리에서『고백』이 평판에 오름. 6월 리옹에 감. 부르그완 마을 사무소에서 테레즈와 정식 결혼수속을 밟음.

1769년(57세) 1월 근처, 몬칸의 농장으로 옮김.『고백』집필을 잠시 중단하였으나 11월『고백』거의 완성.

1770년(58세) 4월 몬칸을 떠나 리옹으로 감. 오페라 '피그마리옹' 완성. 6월 파리로 가서 거주. 악보 필사와 식물채집에 열중. 12월『고백』완성, 아는 사람들을 모아 낭독회를 개최.

1772년(60세)『루소, 장 자크를 심판하다-대화』집필 시작.

1775년(63세) 10월 루소의 오페라 '피그마리옹'을 본인에게 알리지 않고 떼아뜨르 프랑세즈에서 상연, 대성공을 거둠. 이 해 연말『루소, 장 자크를 심판하다-대화』를 완성.

1776년(64세) 2월 24일『대화』의 원고를 노트르 담므 성당의 대제단에 바치려고 하다가 실패. 10월 산책 도중에 다침. 루소의 죽음으로 소문이 남. 연말부터『제2의 산보』를 씀.

1777년(65세) 2월 테레즈의 긴 병으로 생활이 어려워짐. 봄부터 여름까지『제3~제7의 산보』를 완성. 8월 악보 필사를 그만 둠.

1778년(66세) 봄까지『제8~제10의 산보(미완)』를 씀. 5월 미간행 원고『고백』,『대화』등을 제네바에 있는 옛 친구 뽀르 무르뚜에게 맡기기 위해 그의 아들 삐에르 무르뚜에게 맡김. 5월 20일 지라르뎅 후작의 호의를 받아들여 근처 에르므농빌의 후작 저택으로 옮김. 7월 2일 아침 산책을 끝낸 뒤 테레즈와 함께 식사를 한 후 전신에 불쾌감을 느낌. 오전 11시 발작이 일어나고 세상을 떠남. 7월 3일 우돈에 의하여 데드 마스크를 만듦. 7월 4일 일 드 뫼프리에 묻힘. 1794년 국민공회가 루소의 유해를 빵떼옹으로 이장.